> „La violencia es el miedo a
> los ideales de los demás"*
>
> Mahatma Gandhi

---

* „Gewalt ist die Angst vor den Idealen anderer" – Inschrift am kopflosen Engel in Ponferrada…

Fred El-Fayoumy

... Irgendwo
ein weißer Turm

5 Monate – 2500km – ein Weg zu Fuß durch Portugal und Spanien nach Santiago de Compostela und weiter

Randnotizen

„Es gab eine Zeit, da trottete ... ren her, auf der breiten Straße, die gemeinhin als Weg des Lebens b... war glatt und viel begangen, und sie erstreckte sich schnurgerade durch hügeliges Land. Links und rechts der Straße Dickicht, uninteressant, anscheinend ohne Wege oder Durchlässe. Es gab also keine Veranlassung, zur Seite zu schauen – und doch verlor ich den Tunnelblick und registrierte Bewegung, Geraschel, kleine Unregelmäßigkeiten und dünnere Stellen im Gestrüpp. Und dann, auf einer Anhöhe, ganz hinten am Horizont: Ein Bauwerk, gleißend hell! Ein Turm am Ende mehrerer Hügelketten, weit weg, aber doch mich rufend.

Ich verließ die Strasse – was nicht einfach war, denn viele Stimmen wollten mich zurückhalten, es wäre gefährlich, ich verlöre alles, was ich mir bisher geschaffen hätte und so fort. Und es war nicht einfach, die ersten Schritte zu gehen – dornig waren die Gewächse, klammerten sich fest an mir, wanden Ranken um meine Füße...

Es ist besser nun, nach vielen Schritten, nach Berg und Tal und wieder Höhe, wieder Sumpfland. Ich kenne die Richtung, nähere mich ihm, dem Ziel meiner Träume und Visionen. Wenn ich ihn erreiche, werde ich hochsteigen und zur breiten Straße zurückschauen, werde das Ende dieser Straße erblicken und werde rufen, werde wünschen, werde unsere dreidimensionale Welt zu einem schöneren Ort machen...“

Fred El-Fayoumy – Tagebuchnotizen in 2010

1. Auflage 11/2014

© 2014 by Fred El-Fayoumy

Herstellung und Verlag: BoD – Books on Demand, Norderstedt

ISBN 978-3-7386-0505-1

---------------- Inhaltsverzeichnis -------------------------

5

Vorwort

In meinem Verständnis ist jeder Mensch auf seinem Weg. Ein Weg, den er für einen gewissen Zeitraum gemeinsam mit anderen / einem anderen zurücklegen kann – doch letztlich gibt es nur den für jeden anders aussehenden Pfad. Ein Pfad, der nicht immer nur in räumlichen Distanzen zu begreifen ist – er kann auch nach innen führen, ohne das man sich räumlich verändert. Wichtig ist eben, zu verstehen, das man jetzt lebt, hier und im Moment und das es nichts bringt, auf eine Zeit irgendwann zu warten. Folgt mir, hatte Jesus zu seinen späteren Jüngern gesagt – und sie ließen alles liegen, Netze und Schiffe, Heim und vielleicht auch Familie, nur, um dem Weg Jesu nachzufolgen. Doch wären sie ihm nicht nachgefolgt, wenn sie nicht im tiefsten Inneren gespürt hätten, das der Weg, der ihnen von Jesus vorgeschlagen wurde, im Moment genau der richtige Weg für sie war. Die Jünger waren reif für die Veränderung / für diesen Einschnitt in ihrem Leben – sie waren nicht bloß Anhängsel Jesu, damit er sich nicht so allein fühlte!
Dies ist eine Einsicht, die ich für mich entdeckt habe. Ohne die Richtigkeit des Weges für sich zu begreifen, versagt man, bleibt verstockt, geht nicht über den vordergründigen sportlichen Ehrgeiz hinaus. Aber – das ist das wunderbare an den Caminos – viele entdecken wichtige Dinge erst auf der Strecke, gehen die holprigen / langen / steilen / mühsamen Passagen am Beginn mit dem Gefühl "ist doch bloß eine lange Wanderung" an und merken unterwegs, das sich etwas verändert in Wahrnehmung oder Prioritäten. Ich habe viele solcher Beispiele erlebt auf dem Teil des Pilgergangs, der mit "Der Weg nach Osten" überschrieben ist. Gegen den Strom – einer gegen Vierzigtausend Pilger – einer, der diesen Pilgern prophetische Voraussagen hätte machen können – der aber irgendwann, nach einigen vergeblichen Versuchen gemerkt hat, das eine Warnung, ein Kassandraruf nichts bringt – die Masse möchte ihre eigenen Erfahrungen machen, möchte das Leid, was ich helfen wollte zu vermeiden, an den eigenen Füßen erleben. Lemminge, habe ich zuerst gedacht, blind ins Verderben!
Doch dann habe ich begriffen, das auch die mir entgegenkommenden Pilger durchaus Prophet hätten sein können – nur wollte ich genausowenig davon hören wie meine Gegenüber. Wir sind alle des anderen Spiegel – und das, was uns am anderen stört, ist ein eigener Störfaktor in uns!

Gut, werter Leser – somit ist doch klar gesagt, das ich nicht erwarte, daß auch Du Dir so einen Marsch antust, fünf Monate Deines Lebens in der Fremde verbringst ohne Sicherheiten, ohne Dach über dem Kopf, ohne Nahrungsvorräte und mit nur sehr wenig Geld. Ich erwarte nicht von Dir, das Du Dich an die nächste Haustür begibst und um Essen fragst. Ich erwarte nicht, daß Du aus diesen Notizen irgendeine Lehre ziehst. Ich bitte Dich nur, die Möglichkeit zu sehen, für eine gewisse Zeit so zu leben wie ich es getan habe und freue mich, falls Du dann einen weiteren Weg für Dich siehst, der Deinen Augen bisher verschlossen war.

Diese Zeilen beinhalten nur die wöchentlichen facebook-Einträge, sie geben eine erste kurze Einführung in das, was ich wirklich erlebt habe – eine Orientierung, um sich in einem späteren Buch, wo ich vielleicht mit Ortsnamen und Gegenden um mich werfe, nicht zu verirren. Mein Gehirnkasten ist voll – ich bin am sortieren – und ich werde schreiben.

Aber nun erstmal: Einen schönen Traum Dir!

Witzenhausen, den 23.10.2014 – 1 Monat und 13 Tage nach der Rückkehr

Fred El-Fayoumy

7

Eine kleine Vorgeschichte

Das Jahr 2009 bedeutete einen Umbruch für mich. Lange und zunehmend hatte mich etwas gestört an der Art, wie unser normales Leben verläuft: Geburt – Schule - Ausbildung – Familie gründen / Eigentum schaffen und Arbeitsleben – Rente – Tod. Und während dieser Stufen Vergrößerung von Kinderzimmer auf Studentenzimmer auf 2-Zimmer-Wohnung auf Wohnimmobilie mit Platz für etwa 4 Menschen – und dieser Platz muß mindestens 120 bis 150qm betragen. Jeder Umzug war schwerer: Für den Umzug ins eigene Heim brauchten wir, meine damalige Frau und ich, 40 PKW-Ladungen und für sperrige Sachen noch einmal einen Kleintransporter.

Besitztum belastet und stielt Zeit – Sachen, die man sein eigen nennt, muss man putzen und pflegen, mindestens 1x die Woche angucken und in die Hand nehmen – Zeit, die man nicht mehr zur freien Verfügung einsetzen kann – Zeit, die einem am Leben fehlt!

Und so fragte ich mich: Was braucht der Mensch wirklich? – und habe Haus und Herd, Frau und Kind gegen ein Kommune-Leben mit fließend Kaltwasser und Kompost-Klo, gemeinsamer Haushaltsführung und Einzelofenbefeuerung eingetauscht.

Auf der Suche. Ein erster Start Richtung Santiago de Compostela im August 2010 – nahe den Pyrenäen in Südwestfrankreich, in Le Fleix an der Dordogne war damals Schluß, November, eine nicht so gute Zeit, über Berge zu klettern – und ich hatte vorerst gefunden, was ich gesucht hatte- die Frage, ob es Hoffnung gäbe für unsere übervölkerte und verschmutzte, von Kriegen zerissene Welt positiv beantwortet; eine persönliche Ethik definiert und mein Seelenzimmer begonnen, aufzuräumen und Licht hereinzulassen; meine innere Mitte entdeckt und die Ruhe und die Kraft, die aus dieser Ruhe heraus in einem wirkt. Und mehr – so viel, daß mir der November als Grund für einen Abbruch gerade recht kam...

Es entstand ein erstes Manuskript, das Tagebuch eines unvollendeten Pilgergangs – noch unveröffentlicht (aber über 300 Seiten stark) und ich änderte meinen Lebensweg abermals: Ein zweites Studium, dessen Richtung mehr meiner Ethik entsprach als das des mathematisch und verstandesmäßig agierenden Bauingenieurs – Ökologische Agrarwissenschaften, ein definitiv erdiges Studium. Genau das, was ich nach meinem Ausflug – es ging um "Flügel bekommen" und somit um das Luftelement – brauchte. Eine Art Warteposition, eine Ruhe- und Vorbereitungsphase – denn wie aus dem damaligen Untertitel hervorgeht, betrachtete ich den räumlichen Weg als noch nicht abgeschlossen...

Jetzt, im Jahr 2014, war es dann soweit: Ein Urlaubssemester, ein Neustart – diesmal nicht von Deutschland aus wie damals, sondern von der anderen Seite – von der Südwestspitze Europas, nicht im Wettlauf mit der nach Süden drängenden Kälte, sondern mit der nach Norden drängenden Wärme.

Ein Busticket für Eurolines von Düsseldorf nach Lagos, eine Auslandskranken-versicherung, etwa 1200 Euro an Bargeld und viele Freunde – mehr braucht es nicht, um sich bis zu einem halben Jahr ausserhalb seiner vier Wände herumzudrücken! Das Grundvertrauen in die Menschheit hatte ich schon wiedergewonnen, viele weitere grundlegende Fragen hatte ich schon im ersten räumlichen Teil des Weges für mich geklärt – die Zielsetzung dieses Weges war eine andere: Licht zu geben und Wärme zu empfangen, Liebe zu zeigen und ein Lächeln zu erhalten, Santiago zu erreichen und den Sternenpfad zu gehen. Einen ersten Baustein zur Verbesserung der Welt hinterlegen, letztlich auch das Leben auf der Iberischen Halbinsel kennenzulernen...

Genug der Vorrede – hier die während des Weges entstandenen facebook-Einträge, im wesentlichen unverändert, aber mit vielen Illustrationen ausgestattet.

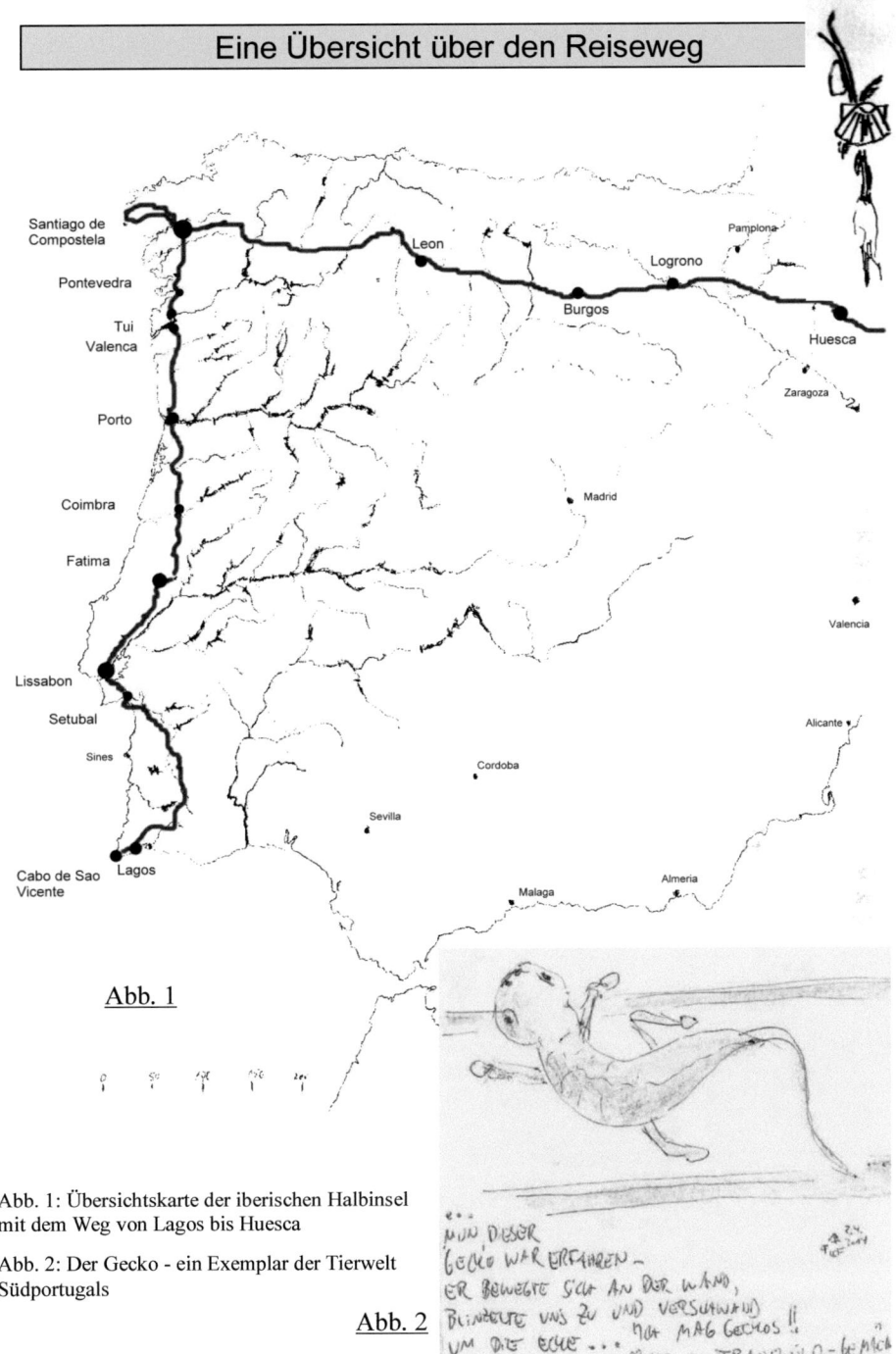

Santiago de Compostela

Pontevedra

Tui
Valenca

Porto

Coimbra

Fatima

Lissabon

Setubal

Sines

Cabo de Sao Vicente   Lagos

Leon

Pamplona

Logrono

Burgos

Huesca

Zaragoza

Madrid

Valencia

Alicante

Cordoba

Sevilla

Almeria

Malaga

Abb. 1

Abb. 1: Übersichtskarte der iberischen Halbinsel mit dem Weg von Lagos bis Huesca

Abb. 2: Der Gecko - ein Exemplar der Tierwelt Südportugals

Abb. 2

9

Teil A : Portugal - von der Algarve bis nach Lissabon

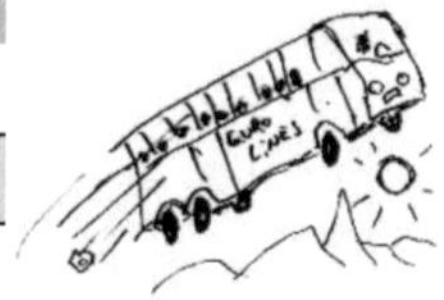

Wochenbericht 1 - 01.04.2014

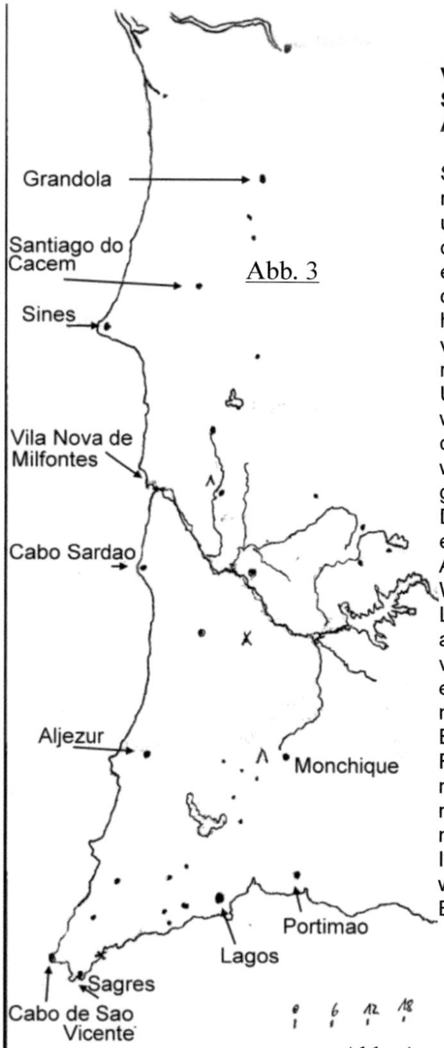

Abb. 3

Viele Grüße aus Lagos, Portugal!
Seit dem 30. März 2014 bin ich an der Algarve!

Sommer, Wärme, Sonnenschein - so stellt man sich das immer vor, dazu Strand, Felsen und eine Bar. Aber: Es sind 14°C, es dauerregnet und stürmt, gestern Nacht gab es ein Gewitter. Schön, dass Ihr in Deutschland das bessere Wetter habt! Glücklicherweise habe ich die ersten der 172 Tage, die ich wohl von Witzenhausen entfernt bleiben werde, ein relativ stationäres Programm in einem engen Umkreis im südlichen Portugal, so dass ich wohl auch sonnige Tage sehen werde, hier an der südlichen Atlantikküste Europas! Warum werde ich so lange aus diesem mir so lieb gewordenen Städtchen in der Mitte Deutschlands wegbleiben? Ich habe mich zu einem Abenteuer entschlossen, dem Abenteuer des Entdeckens für mich neuer Welten- anderer Menschen, anderer Landschaften und anderer Vegetation. Aber auch zu einer Entdeckungsreise in die Tiefen von Spiritualität und menschlichem Geist, zu einer Pilgerreise auf dem Camino Portugués nach Santiago de Compostela, auch zu der Bewältigung eines Weges über den Camino Francés nach Pamplona und etwas weiter - meist zu Fuß und meist ohne mehr Geld als nur 5 € pro Tag, meist unter freiem Himmel nächtigend und oft an der Grenzen stehend... In einem wöchentlich erscheinendem Blog werde ich Auszüge meiner Erfahrungen mit Euch teilen- drückt mir die Daumen!

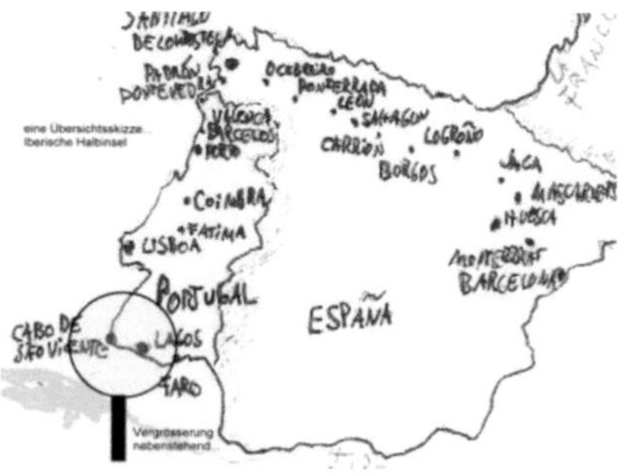

Abb. 4

Abb. 3: Bereichsskizze Südwestspitze Europas

Abb. 4: Übersicht über die Iberische Halbinsel

Viele Grüße aus Barâo de Sâo Joâo, Portugal! Seit dem letzten Bericht ist viel passiert, auch wenn ich jetzt, wo ich dies schreibe, nur 10 km von Lagos, meinem Startpunkt entfernt bin. Erstmal zum Wetter: Es bessert sich stetig- heute waren es 24° C, ab Dienstag könnten es 27° werden. Die Geckos machen Jagd um diese Uhrzeit (etwa 22.00 Uhr), Grillen zirpen und Hunde bellen. Geckos machen wenigstens keinen Krach beim Fangen der Insekten im Dachraum der überdeckten Terrasse, wo ich jetzt sitze.

Die ersten 114 km sind gemeistert. Von Lagos über Luz und Sagres bis zum Cabo de Sâo Vicente, der südwestlichen Spitze Festland- Europas. Durch die Klippen ging es, auf steilen, schmalen, steinigen Ziegenpfaden. Oft konnte ich die Brandung gegen die Felsen schmettern sehen. Eine sehr eigene Vegetation und immer den Duft von Thymian oder Salbei in der Nase, auf sandigem Boden - eine sehr schöne Tour, aber wie auch die folgenden Stücke nur zu dieser Jahreszeit zu empfehlen! Denn ist die Sonne erst mal da, findet man keinen Schatten, um seinen Kopf zu kühlen - und das Grün wird bei zunehmender Trockenheit einer wüstenartigen Landschaft weichen. Vom Cabo de Sâo Vicente aus ging es über Vila do Bispo, Pedralva und durch einen Wald, in dem ich mich verirrte und auf Hilfe angewiesen war, um dort nicht zu verdursten, zurück nach Barâo de Sâo Joâo. Bis zum nächsten Mal!

Abb. 5

Abb. 5: Wegskizze bis 9.4.2014
Abb. 6: Skizze Cabo Sâo Vicente
Abb 7: Garten in Barâo de Sâo Joâo (aus dem Tagebuch)

Hallo aus Moitinhas, Sâo Teotónio, Portugal!
Am Montag, dem 7. April, habe ich mich wieder herausbegeben aus der behaglichen Sicherheit der Terrasse eines Gartenhauses auf den Weg, zuerst nach Osten und dann nach Norden. Bensafrim, Übernachtung in den wilden und einsamen Bergen vor Marmelete, Casais und der Anlauf zu meiner geplanten WWOOF-Stelle. (WWOOFen ist Arbeiten auf landwirtschaftlichen Bio- Betrieben für 5- 6 Stunden am Tag nur gegen Kost und Logis). Es klappte nicht: Vielleicht 500 Meter vor dem Ziel wurde ich in der Wildnis bei beginnender Dämmerung stehen gelassen. Ein Gewaltmarsch ins 6 km entfernte Monchique und eine weitere Übernachtung unter freiem Himmel in einer mittelgroßen Stadt war die Folge. Verloren und verzweifelt kam ich mir in dieser Nacht vor- allein gelassen und meine ganze Planung über den Haufen geworfen! Ich habe mich am nächsten Morgen nach dem zufälligen Besuch eines Gottesdienstes zum Weiterlaufen entschlossen. Durch die Serra Monchique mit gewaltigen Bergketten, Schwindel erregenden Ausblicken und einigen Bergwasserquellen hinab ins Baixo Alentejo (*), die auf die südlichste Region Algarve folgende Provinz. Eine Übernachtung im Feld, Vegetation und Klima wieder anders, bis nach Saboia. Und dort hat mich eine Frau aufgelesen, die dringend Hilfe brauchte auf ihrer Tierrettungsstation! Fügung. Zwei Menschen treffen sich und einer beschließt, den anderen auf seinem Weg ein paar Tage zu begleiten... Auf www.tierschutz-esperanca.de könnt Ihr sehen, was hier passiert! Ich füttere Esel und Ziegen, bestelle den Garten, kümmere mich mit um 40 Hunde und fünf Katzen - bis Montagabend, dann geht es weiter Richtung Tamera...

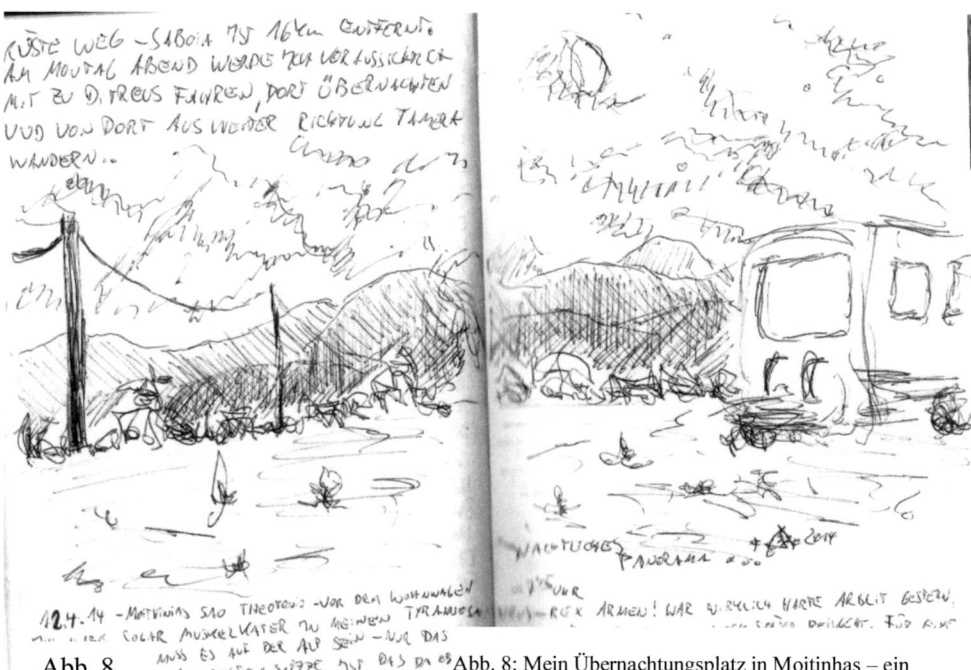

Abb. 8

Abb. 8: Mein Übernachtungsplatz in Moitinhas – ein Wohnwagen mit atemberaubender Aussicht über die Hügelketten (Skizze aus dem Tagebuch)

(*) zu der Bezeichnung Baixo Alentejo siehe Erläuterungen S. 76

"Manchmal begegnen einem Engel unverhofft und in Form eines Pilgers - Danke für Alles! E." - Diese Fremdzeilen in meinem Tagebuch besagen: Wir haben es geschafft! Neben der Versorgung der vielen Tiere und auch des Speisens mit vielen Gästen und Helfern haben wir das Gästehaus der Quinta Esperanca fertig bekommen, inklusive Blumen auf dem Tisch und Besteck in den Schubladen, Nachttischchen und Bettbezügen. Die Gäste kamen am Nachmittag des 15. April. Die Mutter und ihre zwei Kinder haben sich sofort sehr wohl gefühlt. - Am Abend ging es dann zu einem meiner Arbeitskollegen, per Auto nach Corte Brique, nördlich des großen Santa-Clara-Stausees. Zwei Nächte habe ich dort verbracht, mit einem Tag des Ausruhens, Spazierengehens und des Treffens von Freunden. Es gibt da eine Bar, dort ist dienstags Brottag: Es wird gebacken, gefeiert, vorbestellte Brote werden eingetauscht. Tausch ist eine verbreitete Methode hier im Baixo Alentejo, dem Armenhaus Portugals - und dem Treffpunkt der alternativen Szene, der Aussteiger, der ein zweites Leben Führenden, der Zweitwohnsitzler aus Deutschland, Österreich, England und vielen anderen Staaten. Olivenöl ist hier eine Währung, oder auch der Eintausch von Arbeit gegen Ware, von Selbstgemachtem gegen Rohmaterial (Orangensirup gegen Orangen vom Baum). Selbst in kleinen Läden kann Ware gegen eine in mehreren Monaten später zu erbringende Leistung getauscht werden!

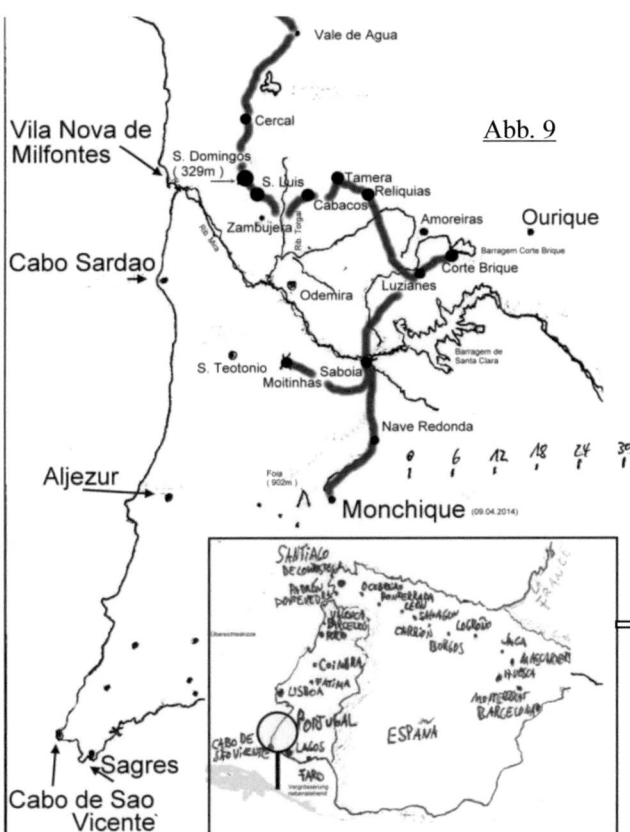

In diesem Landstrich habe ich viel über das Gärtnern in Portugal gelernt, unterschiedliche Aussaatzeiten, andere Methoden und eine Form von Permakultur - angewendet und üppig aussehend. Am 17. April war wieder Abschied angesagt. Der Weg führte mich nach Luzianes, wo ich in einem Kult- Café den Weg nach Norden erfragte: Meine 1: 800.000er Karte ist nicht aussagekräftig genug.

Abb. 9: Der Weg von Monchique (09.04.2014) nach Vale de Agua, durchquert am 10.5.2014… Mit Übersichtsskizze Iberische Halbinsel

13

Um 19.30 Uhr war Reliquias erreicht, das Nachtlager vor der Kirche bezogen. Ich hatte einen wunderschönen Traum mit Gesang, einer Art Kirchengesang und einer offenen Tür eines grossen Grabmals auf einem Friedhof, wo beleuchtete Treppenstufen in eine hell leuchtende Tiefe führen. Der Traum entpuppte sich in Grundzügen als Realität: Es hatte eine Andacht gegeben in der Nacht vor Karfreitag. Eine Gruppe von Kirchgängern kam auf mich zu. Am nächsten Morgen durfte ich die Kirche besuchen, und es gab ein Frühstückspaket für den weiteren Weg! Danke, Reliquias!

TAMERA! Ein klangvoller Name, ein großes Projekt, international und doch in großen
Teilen deutschsprachig. Uns gemeinsam ist der Wunsch nach Frieden und Verbesserung der Welt. Unterschiedlich sind unsere Wege. Wichtig ist: Sich anmelden. Zweitwichtig: Geld haben. Drittwichtig: Sich einbinden in Schulungsprojekte / Schemata - hier ist ein Tag durchorganisiert. Aber: In sinnvoller Weise und in achtsamer Art. Alle Teilnehmer, mit denen ich gesprochen habe waren begeistert über den Wechsel von Essen, Arbeit, Diskussionsrunden / Redekreisen, freier Abendgestaltung in der Gruppe... Ein wunderschöner Platz mit tollen Ansätzen und vielen jungen Leuten. Und: Keine Sekte! - Eine Nacht habe ich mir geleistet und bin weiter gezogen: ca. 15 km nach Cabaços, zu Manu`s Place - einem Ort, von dem ich nichts wusste, bis mich zwei Engländer in einem Café in Ribeira do Salto (ich suchte nach einem Weg nach Norden) auf diesen spirituellen Ort mit wunderlichen Lehmbauten und Grasdächern aufmerksam machten.
- NUN BIN ICH HIER! - Zwei Tage bis eine Woche habe ich mir gegeben...

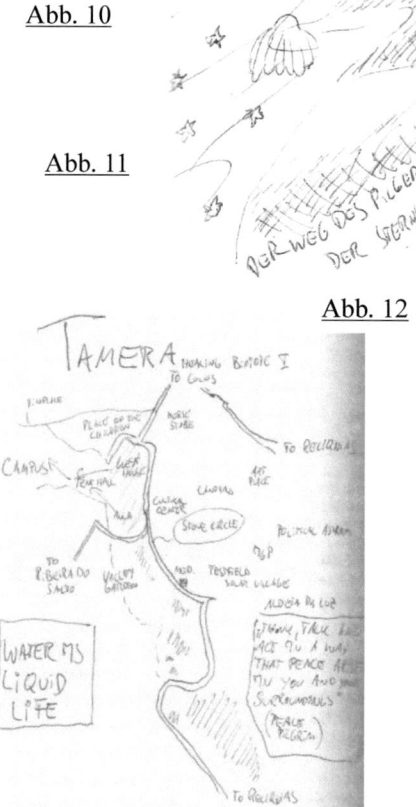

Abb. 10

Abb. 11

Abb. 12

Der Weg des Pilgers – der Sternenweg

Mit jedem Schritt wird Licht hinausgetragen. In Liebe und Achtsamkeit auf vieles auf dem Weg und am Wegesrand geachtet. Und doch ist es mühsam, das Blau, die Kälte, die Dunkelheit zurückzudrängen, das Rot, die Wärme, das Licht, den Frieden einsickern zu lassen. Nur manchmal gelingt es dem Pilger, ein beständiges Licht zu entzünden, das Feuer der Veränderung und eine andere Sicht zu vermitteln. Aber diese Punkte sind Sterne, und wo viele Pilger gehen, sind der Sterne mehr. Der Weg, beleuchtet durch die Lichter in den Köpfen und Herzen der Anwohner, bedeutet Verständigung, die Überwindung der Schranken von Kultur, Religion und Sprache. Durch Tun, Vorleben und Erweiterung der Sicht, durch das Zeigen des „Es ist möglich"! ...

Abb. 10-12: Fred El-Fayoumy, Tagebuch, 18.4.2014

Abb. 10: Illustration zu Abb. 12 – aus dem Tagebuch, 18.04.2014

Abb. 11: Ein Grundriß von Tamera (Skizze aus dem Tagebuch, 18.04.2014)

Abb. 12: Der Weg des Pilgers – der Sternenweg (Abschiedstext an Tamera)

14

Die Woche ist verstrichen hier in Cabaços, sprich Cabassosch, sprich: Im Kürbis. Eine Woche, in der ich mich weniger räumlich denn eher in die Tiefe bewegt habe, neben viel Arbeit auch einen Platz intensiv kennengelernt habe - aber auch Orte gesehen habe, an denen ich sonst nicht vorbeigekommen wäre. Odemira zum Beispiel, die Verwaltungshauptstadt des westlichen Baixo Alentejo, oder auch das Meer an der Mündung des Flusses Mira in Vila Nova de Milfontes, dem Ort, in dessen Namen drei Lügen stecken: Der Ort hat keine Villen, er ist nicht neu und er hat keine 1000 Fontänen... Es gab eine "Feira" zum Jahrestag der sogenannten Nelkenrevolution am 25.4.1974 mit Feuerwerk und großer Bühne in Odemira - sehr beeindruckend!! --- Das Leben hier ist reich: Der Esstisch biegt sich unter Köstlichkeiten, anregende Unterhaltungen zwischen Menschen aller Altersstufen und mehrerer Nationen werden geführt, es gibt Spieleabende, es gibt eine Bibliothek, es gibt viel zu sehen und viel zu erleben auf diesem Platz und in dieser Umgebung.

Aber ich weiß, das es mich weiter treibt! Ich könnte hier bleiben, wenn ich denn wollte - aber nach Abschluss der angefangenen Arbeit werde ich auf der Rota Vicentina weiterziehen nach Norden, in Liebe und Dankbarkeit.

Gleich werde ich mich zur Puja (einem hinduistischen Verehrungsritual) in den Tempel bewegen. Ein Hindu-Tempelraum ist definitiv nicht christlich, jedoch: Der Weg, den ich beschreite, der Sternenweg, vereint ALLE Glaubensrichtungen. Egal ob Gott, Jahwe, Allah, Shiva oder höchste Energie: Alles ist Eins- und unsere Unfähigkeit, dieses Namenlose Eine auch namenlos zu belassen, wird mich nicht daran hindern, den Gedanken des Sternenwegs zu leben ...

Rhythmus ist Bewegung:...

... Welten drehen und schwingen im Universum, Pflanzensamen keimen, wachsen auf zu voller Größe, sie erblühen, tragen Frucht, verwelken und fallen zurück zu Staub... Bewegung ist Schwingung ist Ton: Das hörbare Lied des Wassers in einem Regenfall oder einem Bach oder im Meer die auf- und abschwellende Brandung, der Ton der Bewegung der Welt, die Bewegung der Luft durch den Wind oder durch das Lied eines Vogels (...) Die Welt ist Musik! Und ich kann sie hören!

Abb. 13, 14: Fred El-Fayoumy, Tagebuch, 22.4.2014

Abb. 13   Abb. 14

Abb. 15

Abb. 13: Auszug aus einem Tagebuchtext mit Illustration von Rhythmen

Abb. 14: Ladungssicherung portugiesische Art - eine Fahrt von Odemira nach Cabaços: (25 Rohre. à 3m Länge – festgebunden mit Plastikfolie…)

Abb. 15: Gemeinsames Mahl in Cabaços

Wie schwer kann es sein, nicht zu bleiben? Wie schwer ist es, sehr interessante Arbeiten, auch heilige Arbeiten wie eine Neugestaltung eines sakralen Innenraums, abzulehnen wegen einer noch höheren Aufgabe / eines vorher abgegebenen Gelübdes? Wie schwer ist es, einen Ort zu verlassen, an dem alles möglich zu sein scheint, die Erfüllung eines Wunsches nur einen Wimpernschlag entfernt ist?

Es ist sehr schwer - und trotzdem habe ich mich dazu entschieden, Cabaços spätestens am Mittwoch "Até au proxima" zu sagen, den Weg nach Norden fortzusetzen. Die Kanäle sind dann hoffentlich verlegt, die Arbeit wie versprochen erledigt.

Nunmehr täglich habe ich gespürt, wie Erinnerungen verblassen, Versprechen in weite Ferne rücken, mein Ich sich begann aufzulösen. Was nicht verkehrt ist im schamanischen Sinne - Auflösung, sich in der ganzen Welt verstreuen, alles sehen - aber weniger den Individuen nachfühlen können. Wieder in den Lüften, trotz Arbeit in der Erde ...

Ich bin noch nicht soweit! Noch muss ich mich ausbilden, Erfahrung sammeln, Schutz- und Rückholmechanismen erkennen und erlernen - das hat meine Arbeit beim "Reinigen" eines Raumes gezeigt: Am folgenden Tag war ich fast krank...

Diese Woche hatten wir einen Auftritt in Beja, der "Hauptstadt" des Baixo Alentejo, mit Musik machen (auch mit Text und Komposition von mir...); gestern waren wir auf einem Maifest in Amoreiras-Gare (könnte fast in jedem deutschen Dorf gewesen sein) mit einem Beinahe-Unfall mit dem Sohn von Juliana und Manu ... Glücklicherweise haben alle Schutzmächte aufgepasst!!!

Tja, ist ein Kurzbericht - bis nächste Woche dann!!

<u>Abb. 16</u>

Abb. 16: Meine Komposition für Cabaços
anlässlich des Auftritts in Beja

Wochenbericht 7 - 10.05.2014

Missionen in und für Cabaços erfüllt: Kanal fertig gestellt, einem Jungen die Kunst des Pilgerns näher gebracht und seit Freitagmittag wieder frei! Ich folge der Rota Vicentina, einem markierten Teilstück der GR11 von Sagres nach St. Petersburg. Dies Route führt mich bis Santiago do Cacém, was ich wohl bis spätestens Dienstag erreiche, wenn alles so klappt / wenn Gott will... Ich beschränke diesen Text auf die Feststellung, dass die abwechslungsreiche mediterrane Landschaft und auch die lebensfeindlichen Eukalyptusmonokulturen - immerhin leben dort Ameisen, ein paar Schmetterlinge sowie mehrere Eidechsenarten - ihren ganz speziellen Reiz haben. Und auf folgende Erzählung:

Hinter São Luís führt die Wanderroute am Gipfel des höchsten Berges der Region, dem São Domingos, vorbei - mit der Option, ihn zu besteigen. 750 Meter extra, die sich lohnen: Es gibt einen Aussichtsturm, und es gibt den natürlichen höchsten Punkt des Berges, markiert, und es gibt Felsen. Es ist erhebend, ergreifend, über das Land zu blicken. Nach Süden und Südosten. Nach Südwesten - vielleicht bis Odemira, bestimmt bis ans Meer. Das Baixo Alentejo, einen Monat meines Lebens ausgebreitet vor mir, als ob ich fliegen würde über diesen Flickenteppich von Hügelketten, bebautem und unbebautem Land, Häuserwürfeln und Plantagenpflanzungen. Immer wieder mit kleinen Flüsschen und Mini-Wasserflächen durchsetzt. Und der gerade diesige blaugraue Streifen im Westen, von Südwest bis Nordwest durchgehend, der Blick darauf nur durch die Ausläufer der Hügelkette vor dem relativ flachen Küstenstreifen begrenzt... Ich war glücklich. Aufgaben erfüllt, die Welt wieder zu Füßen. Der Sternenweg wartet - und ich habe getönt, habe all diese negative Energie und Kleinlichkeiten, die es auch auf Cabaços gibt, von mir gegeben, von Depression und Trauer zu Liebe und Hoffnung, von Dunkel zu Hell gewechselt. Einen Stein zu Füßen des Aussichtsturms hatte ich mir ausgesucht, und die Luft vibrierte. Ein Schmetterling kam, ich bewunderte ihn - er war so schön und vor allem GROß! Und er umkreiste mich und setzte sich auf einen trockenen Ast etwa zwei Meter vor mir. Und blieb, balancierte mit den Flügeln wie ein Seiltänzer die ankommenden Winde aus und hörte zu, seinen großen Kopf mir zugewandt.
Als ich aufhörte, pausierte, stieg er auf, drehte eine Runde - und ich begann erneut. Wieder setzte er sich auf dieses Ästchen, keine Blüte daran, nichts was ihn hätte bewegen können, den Ort abermals mit seiner Anwesenheit zu beehren - außer den Schwingungen meiner Töne.
Ich veränderte meine Position ein wenig, drehte den Kopf etwas - das Geschöpf stieg auf mit seinen Rot-schwarzen Schwingen mit weißem Streifen, kam ganz nah, auf einen Meter, veranlasste mich dazu, den Kopf wieder zu drehen - und ein drittes Mal setzte sich das Wesen auf den Ast - und ich tönte alles heraus, fühlte die sich verdichtende Luft zwischen meinen Händen und duschte es und mich mit Sauberkeit, mit Klarheit und mit Licht.
Fünf Minuten später hörte ich auf - es ist nicht gut, ein so großes und relativ kurzlebiges Insekt so lange von der Nahrungssuche abzuhalten, ja, es hatte Hunger, ich wusste es! Der Schmetterling stieg auf, umkreiste mich ein letztes Mal, schraubte sich in die Höhe wie ein Adler und entschwand...

17

Abb. 17

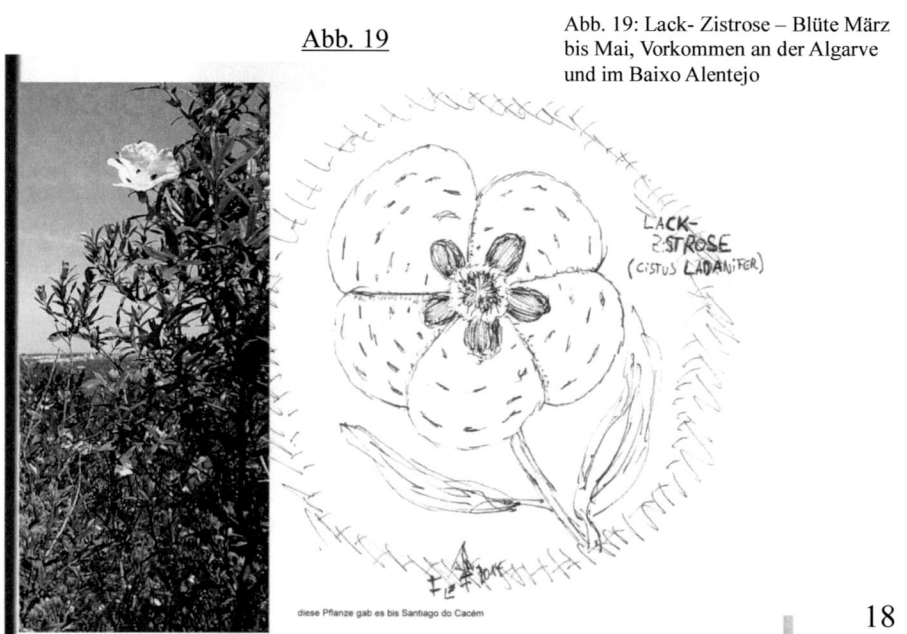

Abb. 18

Abb. 17: Schmetterling…

Abb. 18: Aufgegebene Schule nahe der Rota Vicentina…

Abb. 19: Lack- Zistrose – Blüte März bis Mai, Vorkommen an der Algarve und im Baixo Alentejo

Abb. 19

LACK-
ZISTROSE
(CISTUS LADANIFER)

diese Pflanze gab es bis Santiago do Cacém

18

Die Rota Vicentina, die ab Cabaços mein Leitstern nach Norden war, endet in Santiago do Cacém. Caça - die Jagd. Das ist das eine, meiner Meinung nach unrühmliche Bild des Sankt Jakobus. Jakob, der Killer, Jakob der Maurentöter! Brrr. Ich habe die Nacht an der Kirche verbracht und die alten Abbildungen des Kreuzes studiert.

Stimmt, man könnte ein Schwert mit Griff (Abb. 21) erkennen... Ich ziehe das europäische Bild vor: Jakobus als Prediger von Einheit und Frieden für die Welt. Und diesen Sternenweg beschreite ich!

Der weitere Weg nach Norden: Santa Margarida da Serra, ein Dorf mit vielen öffentlichen Einrichtungen (Waschhaus, Brunnen, Sanitäranlagen) und einer Kirche - durchaus nicht üblich in Portugal, eine Kirche im Dorf zu haben!

Abb. 21

Abb. 20

Eine interessante Schutzheilige hat sich das Dorf da ausgesucht - im Wappen prangt immerhin ein über die Hügel fliegender Drache! Der Legende nach, die der Heiligsprechung zugrunde liegt, ist Margarida im Jahr 284 nach Chr. als Märtyrerin gestorben. Sie hat sich dem Zugriff des Teufels entzogen, indem sie sich in einen Drachen verwandelt hat. So oder ähnlich präsentierte es mir der Archivar von Grândola auf meine Nachfrage auf Portugiesisch, dabei unterstützt von zwei eifrigen Mitarbeiterinnen der Junta de Frequesia, des Gemeindebüros, mit französischen und englischen Brocken. Überhaupt: Mal einen Dank an all diese Behörden, die sich mit von der Kirche herauf beschworenen Pilgern herumärgern. (**)

Erläuterungen auf der folgenden Seite

Abb. 22   Abb. 23   Abb. 24

19

(**) Die Legende der Sta Margarida geht etwas anders, wie ich heute weiß – siehe Erläuterungen S. 76

Abb. 22: Ein Fatima-Gedächtnisstein an der Nationalstraße N120 – von dort ein erster Blick auf Santiago do Cacém mit oben thronender Festung und Kirche

Abb. 23: Alte Darstellung des Jakobskreuzes an der Hauptkirche in Santiago do Cacém

Abb. 24: Das Gemeindewappen von Santa Margarida da Serra

Es gibt keine weitere Route nach Norden! So kam es zu einem meditativen Nachtmarsch auf der tagsüber zu stark und zu schnell befahrenen Straße im Vollmondlicht ins 18 km entfernte Carvalhal - seitdem habe ich Blasen an den Füßen: Meine alten Wanderschuhe zeigen ernsthafte Auflösungserscheinungen, und zwar außen und innen. Den restlichen Weg nach Tróia u.a. durch die Reisfelder legte ich in Sandalen, über acht Kilometer auch barfuß am Strand, zurück. Sinnliche Erfahrungen, Wellen umspülen die Füße, die Spuren werden verwaschen, Nässe bis zum Knie, tiefe Spuren wegen 14 kg Gepäck...

Abb. 25

Abb. 25: Abend am menschenleeren Sandstrand vor Tróia

Überfahrt Tróia - Setúbal, luxuriös Siesta gehalten dort, abends weiter gezogen - morgens weiter und dann ein erster Blick auf ein Etappenziel:

Lissabon!

Abb. 26

Abb. 26: Lissabon hinterlässt auch bei einem Kurzbesuch tausenderlei Eindrücke. Vom Fähranleger Cais do Sodré durch ein paar Strassen des Stadtviertels Bairro Alto, zur Patio da Galé (dort eine Tourist Info), Sé Cathedral, ein wenig Alfama und gegenüber des Bahnhofs Sta. Apolonia einen Café getrunken… und dann: Richtung Nordosten am Tejo entlang!

RAUS AUS DER STADT!

Warum ich es letztendlich nur sieben Stunden in der Stadt ausgehalten habe?
1. Drei Tage Lärm, Stress, Hektik schon im Einzugsbereich waren genug.
2. Ein zunehmendes Gefühl von Kraftlosigkeit und Unklarheit.
3. Der Ruf nach Nordosten!

Der Rückenwind verschafft mir Auftrieb, das Gepäck fühlt sich getragen an, schon tun Knochen, Sehnen und Füße nicht mehr so weh - jetzt endlich bin ich auf dem Pilgerweg! Jetzt gibt es kein Halten mehr! Adé Lissabon, in Richtung Fatima!!

Abb. 27

Abb. 27: Der Weg von Santiago do Cacém bis Tomar. Weg mit Skizzen…

Zeitraum:

11.05.2014 –
27.05.2014

Unten:

Abb. 28:
Übersichtsskizze Iberische Halbinsel mit Bereichsanzeige des nebenstehenden Ausschnitts

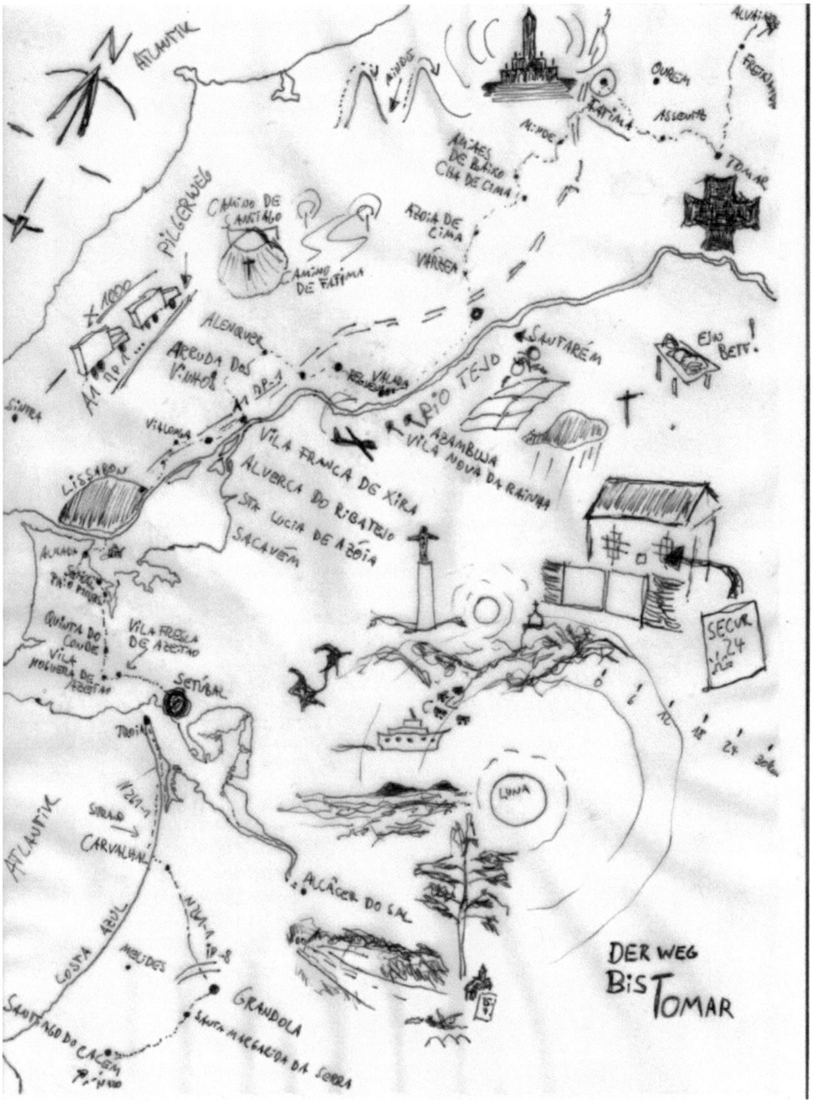

Abb. 28

Teil B : Portugal - über Fatima bis Porto

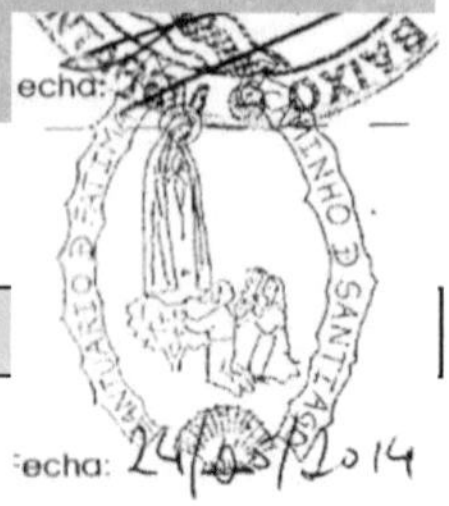

Von Lissabon nach Fatima - so lässt sich die Woche gut zusammenfassen! 141,5 km nach Plan, 160 km wegen Umwegen, nicht immer guten Beschilderungen, aber besonders in den letzten zwei Etappen sehr gut und liebevoll markiert. Viele Menschen habe ich getroffen auf den Caminhos de Fatima und Santiago de Compostela: Italiener, Franzosen, Koreaner und einen Iren - Frank - aus der Nähe von Cork. Und kleine Einblicke hinter die Maske der Unnahbarkeit der Portugiesen erhaschen können. Einblicke, die mir gefallen haben. Da ist eine Herzlichkeit ganz eigener Art. Der Mensch, der mich in Sturm und Regen zum Gemeindepfarrer geleitet hat, zum Beispiel. Oder die Gäste in Kneipen und Cafés, die nach einer halben Stunde plötzlich doch aus irgendeiner Ecke etwas Englisch oder Französisch - sogar Deutsch - hervorzaubern - Arbeit in Stuttgart bei Daimler vor 15 Jahren für ein paar Monate etwa. Kalt war es da in Deutschland, und das Wort "Schneller" ist immer eines der ersten, die genannt werden. Und wenn partout keine Fremdsprachenkenntnisse vorhanden sind, wird entweder geduldig wiederholt oder von irgendwo ein Freund herbeigezaubert...

Abb. 29

Abb. 29:
Pferde ...

Abb. 30:
Geschenktes Essen
– eine Auswahl
... und Schnecken

Abb. 30

Ich komme in die Grenzregion Lusitaniens. Lusitanische Pferdezucht - wohl ein Begriff. Und mit den Pferden kommt dann noch die unangenehmere Seite hinzu: Stierkampfarenen, z. B. in Azambuja oder Santarém. Stierhatz durch die Gassen - am 29. Mai wäre wieder ein solches Spektakel - gibt es also nicht nur in Pamplona. Eine Frau, mit der ich mich lange unterhalten habe (bei zwei Rotwein aus regionalem Anbau), meinte, sie hofft immer, dass mal der Stier gewinnt, einen dieser Machos mal so richtig auf die Hörner nimmt... Rotwein - Vinho Tinto - sehr gut und ziemlich schwer! Die Versuchung ist groß, in Dorfkneipen etwas zu viel davon zu genießen! 0,1 Liter für 30 Cent, dazu ein paar salzige Snacks... Aber ich bin standhaft geblieben - Übernachtungen in Kirchen, Gemeindehäusern oder draußen verleiten nicht unbedingt zu übermäßigem Konsum... Wetter: Kalt ist es geworden, irgendwas zwischen 15 und 20°C, die Tage bis Donnerstag immer wieder mit teils Starkregen und Gewitter. Und gestern Nacht hier in Fatima habe ich es wirklich bereut, meinen dicken Fleece- Pullover verloren zu haben!

22

Fatima!

Hinter all dem Kommerz und Touristenkitsch steckt tiefer Glauben, dessen Richtung ich zwar nicht allzuviel abgewinnen kann - es geht um Marien"verehrung", ganz konzentriert auf die "Gefäßrolle", fest zementiert und gebetsmühlenartig wiederholt. Fast ein Mantra. Diese Zeremonie ist mir auf dem Weg an drei verschiedenen Orten begegnet - von kleinen Zirkeln alter Frauen bis zu mehreren 100 Leuten - meist Frauen, aber auch ein paar Männer - hier in Fatima. Beeindruckend die Lichterprozession, der riesige Platz ist zu umrunden - und die doppelreihige Schlange, die den Weg des Duplikats der Marienstatue umsäumte, reichte fast herum, an einem ganz normalen Samstagabend. Und kraftvoll das geheiligte Zentrum, besonders die alte Basilika (Dort konnte ich heute früh mein Versprechen erfüllen und "Let me fly" singen - guter Klang! Gute Wirkung!) Und der neumoderne Betonklotz auf der gegenüberliegenden Seite des Platzes in der Außenform einer STIERKAMPFARENA! Meine "Nacht mit Maria" war leider sehr kalt - sie steht in einem offenen Bau - aber einen Großteil meiner Gebete habe ich gesprochen: Gebete für die Welt, für Kranke, für Freunde und Bekannte. Einen Tag werde ich noch hier sein, diesmal in einer kostenlosen Unterkunft für Fußpilger... Vielleicht auch Zeit, meine Ausrüstung zu reparieren und aus einer langen Unterhose ein Shirt zu machen...

Abb. 31: Fatima – Collage 1 – Bildnis Unserer Lieben Frau von Fatima / kindgerechte Darstellung des Sonnenwunders / Mottofaltblatt 2013-2014 : Der Weg des Pilgers „Geborgen in Gottes Liebe für die Welt" / Ausschnitt aus dem Lageplan von Fatima, das Sanctuario…
Ausschnitte von Scans mitgebrachter Papiere

Abb. 32: Fatima – Collage 2 – Kerzen des „Azinheira" – Sühnekerzen, in meinen Augen stark an Höllenfeuer erinnernd / Basilika vom großen Platz aus / Inschriften in Glas im modernen Zentrum am südlichen Platzende / Denkmal in Valinhos, etwa 2-3km ausserhalb des Heiligtums… Ausschnitte aus eigenen Fotos

Abb. 31   Abb. 32

Wer mir etwas Gutes zum Geburtstag am 7.6. tun möchte, kann dies immateriell oder materiell machen. a) ins nächste Tierheim fahren und mit einem dieser kleinen bissigen oder ängstlichen oder verstörten Gefährten des Menschen einen Spaziergang machen oder b) mir einen Brief, eventuell sogar mit etwas Geld schicken (ich würde gerne Geschenke auspacken, aber die wären zu schwer) an folgende Adresse:

POSTA RESTANTA
--- Fred El-Fayoumy
Praça General Humberto Delgado 4000-999 Porto Portugal

anonymisiert ...

Fragt bitte bei Euren Poststellen nach, ob das so richtig ist oder ob die Form eine andere sein muss! Ich bleibe dann übrigens bis zum Montag oder Dienstag dort...
Ich gehe jetzt ins Schweigen, lasse das Handy aus, denn inzwischen habe ich eine Ahnung, warum ich laufe: Für Euch, für alle, die ich kenne, auf die mein Blick fällt. Als Botschafter zu den Energieströmen, um alle ins Augenmerk dieser Energien zu rücken - nicht, um die Vergebung für Sünden zu erflehen bete ich den Rosenkranz mit meinen Füßen, sondern um zu zeigen: Es gibt Menschen, die dem täglichen Trott entfliehen können und eine Antenne sein wollen. Maria von Fatima hat genau das gemeint! Nicht für die Sünden anderer, sondern für das Augenmerk der Energien auf Dich, den Nachbarn, die Freunde betest Du! Das Wort "Sünde" ist eine Vereinfachung der Kirche - aber WER kann sich anmaßen, Richter über andere zu sein?

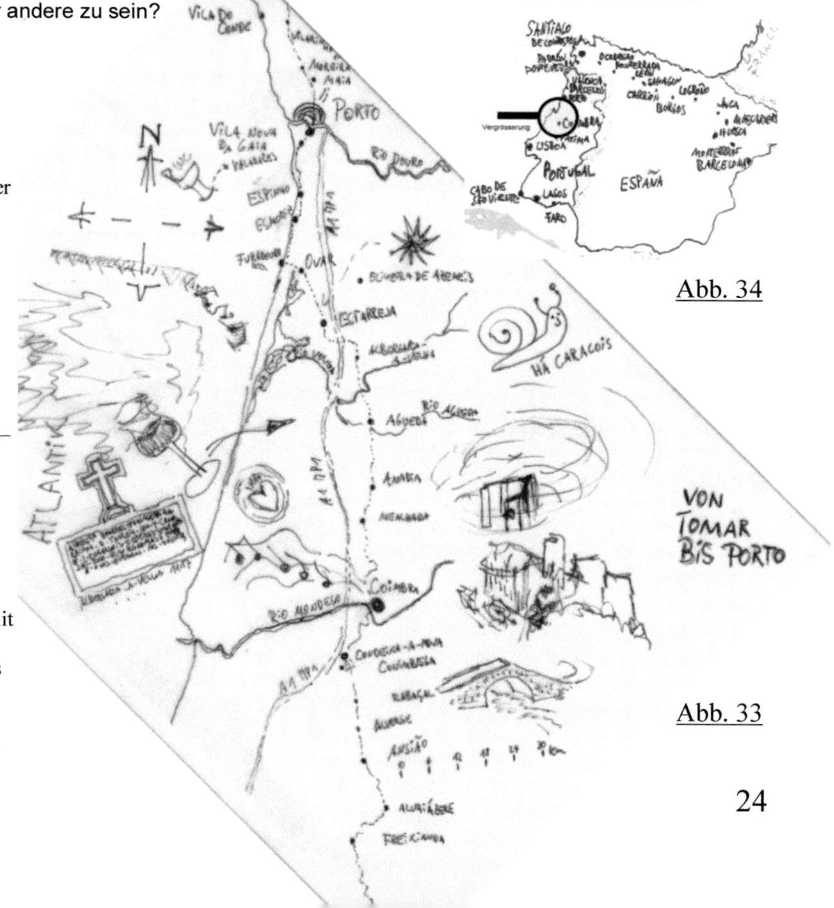

Abb. 33: Der Weg von Tomar bis Porto. Weg mit Skizzen…

Zeitraum:

27.05.2014 – 09.06.2014

Abb. 34: Übersichts- skizze Iberische Halbinsel mit Bereichs- anzeige des neben- stehenden Ausschnitts

Abb. 34

VON TOMAR BIS PORTO

Abb. 33

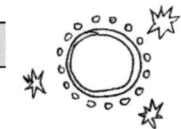

Der 10. Wochenbericht meiner Zählung nach - diesmal etwas früher als sonst: Den Grund seht ihr im Aufruf vorne und im auf diesen Wochenbericht folgenden Text ...
Von Fatima über Tomar auf den Jakobsweg - und der hat es in sich: Stock und Stein, Berge und Täler, wunderschöne Ausblicke über eine bergige bewaldete Landschaft. Ich bin inzwischen bis etwa 20km vor Coimbra vorgedrungen, Casais, Alvaiázere, Ansião, Rabaçal und jetzt hier, in Condeixa (sprich. Condeische), genauer Condeixa-a-nova, wobei das "nova" täuscht: Auch dieser Stadtteil hat seine Wurzeln im 15. Jahrhundert... Pilger habe ich getroffen auf dem Weg, mit Portugiesen habe ich mich verständigt, einmal wurde ich sogar auf einen Kaffee ins Haus gebeten - ein großes Anwesen noch dazu! Danke nach Nestos! Und auch sonst können die Portugiesen mit dem Begriff Jakobsweg inzwischen etwas anfangen - anders als noch vor 3 Jahren, wo es keinen interessiert hatte. Ein Apfel ist mal drin, oder die vitaminreichen Nesperas (Früchte der japanischen Mispel) oder auch mal, wie in Alvorge, eine ganze Vespertüte mit Obst, Brötchen und Fisch – Danke!!! Das Wetter war die Tage über sehr durchwachsen, kühl, gestern auch regnerisch - aber ich hatte glücklicherweise Rückenwind - so bin ich doch noch die 12km nach Rabaçal gekommen (kein Vergleich zu den 35km Tomar bis 1km vor Ansião am Vortag...). Ich war nass bis auf die Knochen, gefroren habe ich allerdings nicht. Und dann war da ein Portugiese, 16Jahre als Schweißer in Deutschland gearbeitet - er versprach mir, nach seinen alten Arbeitsschuhen zu gucken und mir ein Paar davon zu schenken - super! Stahlkappenschuhe sind auf dem Weg gar nicht das verkehrteste! (Meine Schuhe gehen gerade in Fetzen - aber ich flicke sie bisher erfolgreich: Z.B. eine alte Adidas-Sohle oder ein Stück Gummi unter den linken Schuh gebunden - hält ein oder zwei Tage, dann sind die Schnüre durch und ich muss wieder knoten). Und er war nicht davon abzubringen, eine gute Tat an mir vollbringen zu wollen, mich zu einem Nachtquartier zu den nächsten Bombeiros (Feuerwache) zu bringen. So kam ich ins 11km entfernte Condeixa- und ich fühlte mich reichlich deplatziert und desorientiert (und bei den Feuerwehrleuten hab ich dann auch nicht geschlafen, sondern unter dem Vordach der Stadtverwaltung) - und die Schuhe haben leider nicht gepasst, etwas zu klein- das hatte ich ja schon (deshalb ja auch nur noch 9 Zehennägel...). Nun, heute bin ich 3km zurück gelaufen, zur römischen Ruinenstadt Conimbriga - um dann wieder vom Jakobsweg abzuweichen und Euch diesen Text zu schreiben.

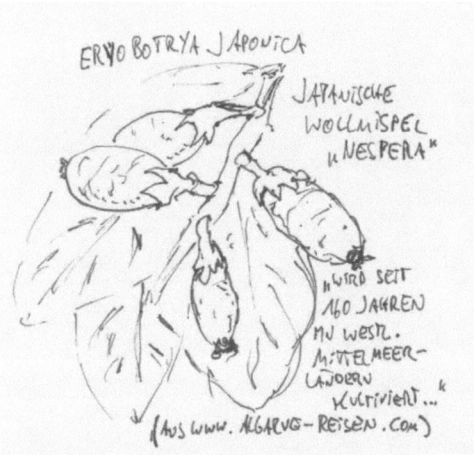

Abb. 35

Abb. 35: Nesperas – wohlschmeckende und vitaminreiche Früchte der japanischen Wollmispel - in Deutschland nahezu unbekannt …

Abb. 36 (rechts):

Bohlenweg am Tejo hinter Sacavém

Die zu Hause schreiben, sie beneiden mich -
beneiden mich um das, was ich so sehe,
was ich erlebe und durchlebe.
Schade, dass ich subjektiv
ganz anderes empfinde:
Schmerz und Leid und Sorge um das Unmittelbare,
wo kommt das nächste Brötchen her,
wo ist der nächste Schlafplatz?
Nur ganz selten,
ganz ganz selten,
da bricht sich die Freude Bahn -
das Stück Glück, für das sich alles hier lohnt:
Schmerz in Fuß und Knie und Rücken und Schulter,
Leiden unter dem schweren Pack, wenn nach
20 Minuten die Schulter einschläft- Leid erfahren angesichts der vielen geschundenen Hunde, Leid erleben wegen
des Nichtvorhandenseins eines Zuhauses, wegen des nur mittelbaren Kontakts zu Familie und Freunden, zur
Heimat.
Subjektiv gesehen, ist Portugal Scheiße -
Scheiße, da nicht Heimat, da nicht meine Sprache, da nicht mein Temperament.
Ich vermische inzwischen
Deutsch und Spanisch, Italienisch und Portugiesisch,
Englisch und Französisch
zu einem Brei.
Und genauso fühl ich mich auch: Nirgends zu Hause,
in keiner Sprache und keinem Stamm.

Allein!
Alleine werde ich meinen Geburtstag verbringen,
irgendwo, nur nicht da, wo ich dann am Liebsten wäre:
Unter Freunden!!
Erfahrungen sind dies ganz gewiss, aber
erst später werden diese sinken, werden
Frucht tragen, werden die mittelbar und
unterbewusst gemachten Beobachtungen
zu einem Bild hinter dem Bild.
Aber der Weg zu dieser Weisheit
ist lang,
ist steinig,
ist schwer -
kein Grund, mit mir tauschen zu wollen …

------ Fred ------

Die Auswirkungen des Wetters auf das Gemüt sind hier deutlich gravierender als bei uns - das mag an der verstärkten Sonneneinstrahlung liegen - das Fehlen dieser wird dann nur noch umso deutlicher. Ohne damit meinen Ausdruck im Poem „Erfahrungen" rechtfertigen zu wollen, Portugal wäre scheiße!! Dafür entschuldige ich mich ausdrücklich - stimmt so verallgemeinernd einfach nicht!!! Es gibt Dinge, die ich mit einem absoluten "Dislike" versehe - UND DAS KANN ICH VERALLGEMEINERND FUER ALLE BISHER BESUCHTEN REGIONEN TUN: Die Tierhaltung durch die ältere Generation ist für mich als nicht achtsam und tierquälerisch brandzumarken - das gilt für Hunde, Kühe, teilweise sogar Ziegen und Schafe. Und verfallende Bausubstanz und schlechtes Wetter passen auch nicht gerade zusammen - ich muss Schluss machen, meine Zeit hier in der Bibliothek in Espinho ist um …

Abb. 37: Collage

Dankeskarte für eine Übernachtung im Seminar Cristo Rei in Vila Nova de Gaia /

Hausansichten aus Ovar – in beiden abgebildeten Objekten herrscht Leerstand…

Der Steinkreis von Mealhada

Ruinen der römischen Ruinenstadt Conimbriga

4km vor Mealhada: Noch 345km bis Santiago

Coimbra: Brunnen im Stadtpark / In der Fussgängerzone

Hinter Espinho: durch die Gewalt des Meeres zerstörter Strandbohlenweg

Abb. 37

27

Mein Wochenrückblick kommt heute aus Porto, der Stadt des Sandeman-Sherrys und des Port-Weins. Es ist Wochenende, es gibt Kneipen, es ist schönes, wenn auch kühles Wetter - und dank Euch habe ich für zwei Nächte EINEN Standort, EIN Dach über dem Kopf, EIN Bett, Waschgelegenheit, Dusche - UND Geld, um meinen Geburtstag zu feiern - bei Klängen von Billy Idol. Gerade läuft Sweet Sixteen. Nun, 16 werde ich nicht mehr in diesem Leben - aber gefühlte 29 schon! Biologisch bin ich jetzt 46! Und im Moment sehe ich auch älter und weiser und wettergegerbter aus. Habe mich gerade im Spiegel gesehen. Aber auch gestählter, mit Schwielen auf Schultern, an Händen, an Füßen. Und braun da, wo die Sonne hinkommt. Vergessen Zeiten von Sonnenbrand Stufe Zwei... Zwei Nächte an einem Platz, notwendig durch Warten auf die Post, gewünscht, da das Nomadendasein auslaugt. Kräftesammeln für die Etappe von 200 und irgendwas Kilometern nach Santiago de Compostela. Vielleicht nochmal Wäsche waschen (irgendwo hat sich ein Floh versteckt - 10 Bisse im rechten Oberarm)- Nun, wahrscheinlich eher nicht. Denn heute feiere ich Geburtstag- indem ich in einer vollbesetzten Kneipe an einem Spaltentisch sitze und diesen Text schreibe. Tapas gab es und Sternenbier- Estrella, Cerveza mediterránea de Malta, Arroz y Lupola mit 100% natürlichen Inhaltsstoffen. Guter Stoff - Danke, Leute: Ohne Euch würde ich heute nicht in Porto sein können: Eine Übernachtung in Parks oder vor Kirchen ist hier nur schwer möglich!

Ich muss mich für die depressiven Gedanken vom 30.5. entschuldigen: Sie sollten keine Sorgen auslösen - ich wusste, worauf ich mich einlasse. Im Gegensatz zu dem ersten Pilgergang vor nun vier Jahren von Deutschland nach Südwestfrankreich ohne Geld. Aber es ist kein Spaziergang! Es ist hart, aber machbar! Es geht auf alle Systeme meines Körpers, es ist gefährlich- aber ich stehe unter Pilgerschutz! - Wie zum Beispiel habe ich die Herberge für die nächsten zwei Nächte gefunden? Zufall? - Nein! Ein beiläufig gefallener Name in der Tourist-Info von Vila Nova de Gaia und dann der Wind, der mich gelenkt hat auf der ziellosen Wanderung durch diese grandiose Stadt mit ihren zahlreichen Plätzen und Gassen und wunderschönen alten Häusern. Den Berg hoch gepustet hat er mich, nach rechts, nach links geschoben- und dann stand ich vor der Pensião Portugués, abends um 8 Uhr. Hatte für mich registriert, dass es gefährlich sein könnte, mit 200 € im Park zu schlafen, ein Pilger unter gestrandeten Existenzen - und habe den Klingelknopf gedrückt....

Abb. 38

Abb. 38: Collage Porto (Ausschnitte eigener Fotos) –
Turm der Kirche Trindad / Brücke Luis I / Blick vor Rathaus Richtung Süden / Kathedrale ...

... und ich habe gut und lang geschlafen! Die Möwen kreischen, es ist wolkig und windig, es ist Sonntag. Ruhe in Portugal? - Mitnichten! Ein Werktag: Viele Läden haben auf, Supermärkte sind halbtags geöffnet - auch an Pfingsten, einem der höchsten Feierlichkeiten der Christenheit... - Schaue ich auf die Woche zurück, hinab in den Tunnel der Zeit, tauche ich ab in die Römerzeit, nach Conimbriga. Alte Steine, 22 Hektar umgeben von einer Stadtmauer, verlassen/ untergegangen unter nicht geklärten Umständen- oder in druidische Zeiten, der Steinkreis von Mealhada- ein Neubau zwar, aus 2010. Aber zweifellos magisch. Zwei Stunden habe ich damit zugebracht, die Intention der Künstler zu entschlüsseln- und letztendlich war es einfach. Neben den natürlichen Rhythmen sind auch neuere Errungenschaften der Menschheit mit aufgenommen worden. Ins Netz der Ganzheitlichkeit! - Und ich tauche ab in von Stadtvätern geträumte Zukünfte: überdimensionierte Prachtstraßen, riesengroße Fußballstadien, Kinos und Theater - und kaum einer fährt darauf / keiner geht hin. Gewerbegebiete, voll ausgebaute Infrastruktur zwischen wild wuchernden Grasflächen. Neubauanlagen, Shopping-Malls mit   mindestens

der Hälfte Leerstand. Und ich freue mich über Mitmenschlichkeit. Das Altenheim in Anadia (kirchlich), wo alte Menschen und Kindergartenkinder gemeinsam das Mittagsmahl einnehmen (sowie aufgesammelte Pilger und andere Bedürftige)- umsorgt von routinierten und dennoch liebevoll - fürsorglichen Pflegern. Albergaria-a-Velha, ein Ort, der so heißt, weil im Jahr 1121 die Errichtung einer Herberge von einer Prinzessin verfügt wurde, für die Pilger nach Santiago und Jerusalem - und wo ich vom stellvertretenden Bürgermeister betreut und mit einem Ansteckbutton mit dem Wappen der Stadt ausgestattet wurde. ESTARREJA, eine Sternenstadt, OVAR, ein Flächenstadt und dann doch mit einem Zentrum, eine weitere Prachtstraße nach Furadouro - zum Atlantik! Schäumendes Wasser, die Kraft des Meeres - auch zu sehen an dem teilweise zerstörten Bohlenweg von Espinho nach Vila Nova de Gaia. -- Viele Kilometer sind es geworden, prallvoll mein Erinnerungskasten: zwei Tage Auszeit vor dem Sprung nach Norden sind angebracht!

Abb. 39

9.Juni

Vielen Dank für die postlagernden Sendungen, die mich erreicht haben (5 Briefe und 2 Pakete) - alles, was jetzt noch unterwegs ist, geht hoffentlich zurück an den Absender - ich weiß ja nicht, OB noch was unterwegs ist!! Bitte kündigt Sendungen per SMS an und wann ihr sie losgeschickt habt!!

In etwa 14Tagen bin ich in Santiago - meine dortige Postlageradresse wäre diese:

anonymisiert ...6703 Santiago , España .

Bitte überprüft die Vollständigkeit dieser Adresse und auf jeden Fall muss da dieses poste restante (oder so) drauf... Liebe Grüße - Euer Fred

P.S.: Berichte kann ich aufgrund Zeitlimit von hier aus nicht einstellen - das wird durch Susanne von Deutschland aus geschehen - Danke, Susanne!!!

Erfahrungen mit der Posta restante in Portugal:
Expresspost ist länger unterwegs als normale Post - übertriebene Vorsichtsmaßnahmen braucht es nicht - alles Super!!! Ach ja: Für Entgegennahme muss ich zahlen - hier 74ct pro Sendung!!

Abb. 39 auf voriger Seite:

Collage Porto 2 (Ausschnitte eigener Fotos) – Torre dos Clérigos / Pavilhao Rosa Mota / eine der berühmten alten Straßenbahnen …

Abb. 40 (unten):

Collage portugiesischer Fliesenbilder: Fonte de Amoreira an der N120 nördlich von Monchique / Denkmal vor Santiago do Cacém / Brunnen in Coimbra / Agueda / Haus in Vila Nova de Gaia / Portweinkellerei in Vila Nova de Gaia / Scan eines mitgebrachten Fliesenstücks

Abb. 40

Porto! Altstadt, eingetragen als Weltkulturerbe! Kirchen, Paläste, Gesamtensemble alter, mehrstöckiger, bunter Häuser, Schänken, Bars und Restaurants im Gewirr steiler, enger, Kopfstein gepflasterter Gassen, Treppen und Straßen. Weltmännisch daher kommend mit Bauten voller Prunk, ehemals zukunftsweisender Technik wie der Eisenträgerbrücke (Gustave Eiffel) Ponte Luis I. und der Straßenbahn - deren historische Wagen ein Touristenanziehungspunkt sind.
Ich bin über die moderne Brücke Ponte do Infante in die Stadt gelangt - mit traumhaftem Blick auf die alte zweistöckige Brückenkonstruktion des Herrn Eiffel. Und auf den Flohmarkt in der Rua do Sol (wo ich trotz akuter Geldknappheit einen Euro ausgab). Über ein Straßengewirr mit viel Verkehr bin ich in der Rua de Santa Catarina gelandet - mein Geheimtipp für gestresste Porto-Reisende: Eine vornehmlich von Portugiesen bevölkerte Fußgängerzone mit normalem Preisniveau! Bis ich die Post gefunden hatte, immer staunend ob der (teils nur noch zu erahnenden) Pracht, war die Igreja de Sto. Ildefonso besucht, wie viele Bauten gekachelt in portugiesischer Perfektion.

Abb. 41

Abb. 41: Fliesenbilder des Baus der N120 durch die Serra Monchique – Knochenarbeit!

Azeitonas, Fliesen, Fliesenbilder - teils hergestellt in regionaler Arbeit auf der anderen Seite des Flusses, in Vila Nova de Gaia und Vororten. In Fabriken wie Deuzal und vielleicht auch die in Valadares (auch wenn dieser große Komplex wohl eher Sanitärkeramik hergestellt hat - wie vieles in Portugal zumindest in Kurz-Kurz-Arbeit).

Nach Durchfragen habe ich die Stadthalle (den Palace do Conselho) tatsächlich gefunden, hoch oben in der Stadt, immer bergauf und irgendwie westlich. Alte Häuserzeilen bis hier oben, mit beginnender Verschandelung durch halbleerstehende Einkaufspassagen wie das Centro Comercial do Trindade, vielleicht nach der Kirche aus dem 19. Jahrhundert benannt, welche tatsächlich mit Templer- Insignien ausgestattet ist - echt neoklassizistisch und noch höher als die Stadtverwaltung thronend. Über das Weltkulturerbe sage ich besser nichts - da gibt es Reiseführer - nur so viel: Man muss es gesehen haben und gefühlt, nur Hunger haben sollte man hier nicht. Selbst ein Kaffee kostet hier doppelt so viel wie normal. Und Portwein habe ich hier wie schon in Vila Nova de Gaia nicht probiert. Aber: recht farbenfroh, anspruchsvoll in Kletterfähigkeiten. Und: in den engen Gassen wohnen Menschen! Keine Museumsstadt also, hier hängt Wäsche von den Balkonen, wird unbeeindruckt von Touristenströmen Fußball gespielt oder ein Straßenfest vorbereitet, gibt es doch in irgendeiner Seitengasse Cafés und Snacks zu erschwinglichen Preisen...

Selbst Vila Nova de Gaia kann mit einer besuchenswerten Gasse aufwarten: Die Rua de Candido dos Reis. Versteckte Läden, Cafés, sogar eine Schule, faszinierend viele Hausnummern - erklärbar dadurch, dass es pro Fensterbreite eine Haustür gibt- und: steil ansteigend. Und zwei Geheimtipps: Confeitaria Arco Iris in vorgenannter Strasse- und auf der Rua General Torres: Café Katy, mit günstigen Mittagsspeisen, wo die Arbeiter aus umliegenden Betrieben gerne hinströmen. Und: Absolut sehenswert - das Convento Corpus Christi: Mit einer holzgetäfelten Bilderdecke und überhaupt...

Teil C : Portugal / Spanien –
Camino Portugués

Über dieses Stück Weg des portugiesischen Jakobsweges in Portugal ist viel geschrieben worden – ich begnüge mich mit Nennung der Stationen Moreira-Maia, Vila do Conde, Rates, Barcelos, Ponte de Lima, Rubiaes und dem Grenzort Valença. Nicht an der Küste entlang führte mein Weg, sondern einige Kilometer von ihr entfernt – und eines war hier neu: Ich traf mit Pilgern zusammen! Viele andere Pilger auf dem Weg von Porto nach Santiago – in den Herbergen waren mitunter 20 anzutreffen... Ja, ich habe mal Herbergen ausprobiert – endlich gibt es welche!! Eine in Barcelinhos (auf der Barcelos gegenüberliegenden Flussseite, verbunden mit dieser Hahnenstadt durch eine gefährlich enge Brücke, so gefährlich, das ich mich nicht getraut habe, in Barcelinhos ein Bier zu trinken, dann mit Gepäck auf die andere Seite zu wechseln) und eine in Rubiaes habe ich aufgesucht und mich „sozialisiert", bin in Interaktion mit anderen Pilgern gegangen – abendliche Entspannung in Gesellschaft... Diese Sozialkontakte waren so intensiv, das meine Tagebuchberichte sehr kurz ausgefallen sind, die ab Rates wirklich schöne Landschaft und die Beschreibung des idyllischen, reizvollen Weges verkürzt dort auftauchen.

Abb. 42

Bei der Strecke Porto Richtung Norden wird in vielen Führern empfohlen, doch die öffentlichen Verkehrsmittel zu benutzen, zumindest für die ersten 12km. Der Weg würde durch Industriegebiete führen, man sollte sich dieses ersparen. Dem ist nicht so!! Ich bin durch deutlich scheußlichere Gegenden mit kilometerlangen Industriebrachen gelaufen als durch das, was hier zu finden ist: Wohngebiete/Vororte mit einigen kleineren Gewerbeparks, Centro Comarciales (die ebenfalls halbleer standen), aber auch mit einigen kleineren Geschäften / Bars / Cafés entlang einer nicht allzu stark befahrenen Straße. In einem Café sprach mich eine Frau an – wie viele fasziniert von diesem Stock, angetan von meiner Geschichte, eine Fatima-Pilgerin und auf dem inneren Weg. Von ihr kam ein Rosenkranz an meinen Stab, auch sie reist also mit nach Santiago. Und in Moreira-Maia erhielt ich von einem Wirt seine alten Arbeitsschuhe – meine Schuhe, mit Schnüren und Knoten versehen und mit vielerlei Löchern verziert, sehen wohl nicht mehr so aus, als würden sie das vor mir liegende Stück noch schaffen. Danke!!

Abb. 42: hölzerne Bilderdecke im ehem. Convento Corpus Cristi in Vila Nova de Gaia

Weinfest in Ponte de Lima 13./14.6.14 – Vinho Verde ...

... eine Spezialität der Region: Vinho verde ist der frische Rot- oder Weißwein, nicht so frisch wie der deutsche Federweiße, aber doch noch recht wässrig schmeckend – und trotzdem mit der Zeit sehr erheiternd wirkend. Eine Tradition mit einer Messe vorwiegend für die Winzer, diese alle in eine grüne Tracht gekleidet, mit vielen Ständen auch zur Verkostung auf dem Festplatz und Live-Musik. Wegen dieser bin ich zwei Nächte dort geblieben, beide unter dem schützenden Vordach einer Kirche – unbedingt wollte ich die irische Folkband miterleben, die am zweiten Abend spielte. Ponte de Lima, am Fluss Lima – der in antik-römischer Zeit „Lethe" hieß, Fluss des Vergessens. Wohnmobillisten habe ich dort getroffen, mit denen ich eine Mahlzeit und Wein geteilt habe; Portugiesen habe ich dort kennengelernt mit herzlichem Kontakt, die Stadt habe ich- nach ein wenig Fremdeln ob den abweisend wirkenden Bauten und dem Denkmal einer Königin, die zu deuten scheint „haltet mir diese Stadt, koste es, was es wolle"- doch als schön und mit liebenswerten Leuten durchsetzt erlebt. Die portugiesische Band, die nach der irischen Gruppe spielte, hat die Einwohner übrigens mehr mitgerissen – sogar eine 80-jährige Oma tanzte zu den Klängen von Akkordeon und der Gaita de foles, dem portugiesischen Dudelsack.

Das Spiel Deutschland – Portugal...

... was ich an meinem letzten Tag im Land in Valença im Außenbereich einer Bar mitverfolgt habe. 80 Portugiesen und ein Deutscher. Die deutsche Nationalhymne mit Werbung überblendet, ein kollektives, gepeinigtes Aufstöhnen bei Einblendung unserer dort „beliebten" Kanzlerin in rotem Kostüm. Merkel = Troika = wirtschaftlicher Niedergang Portugals und entsprechenden Auswirkungen auf den einzelnen – so die Assoziation. Das 4:0 in diesem Spiel der FIFA-Weltmeisterschaft hat mich nicht jubeln lassen – die Niederlage war komplett. Versöhnt wurde ich durch das Wiedertreffen mit 4 ostwestfälischen Pilgern, die Dame des Quartetts demonstrativ mit einem Deutschland-T-Shirt angetan. Gemeinsam haben wir dann mit einer Gruppe portugiesischer Fans Versöhnung gefeiert – war halt doch nur ein Spiel, und nach dem Spiel ist vor dem Spiel... Valença besticht durch eine Fortifikation, eine starke Befestigungsanlage aus dem 17. Jahrhundert, Schießscharten in alle Richtungen, kein toter Winkel, mehrere Mauerringe und nur enge Durchlässe, kanonensicher – uneinnehmbar. Eine alte Grenze, dieser Flusslauf zwischen Portugal und Spanien ...

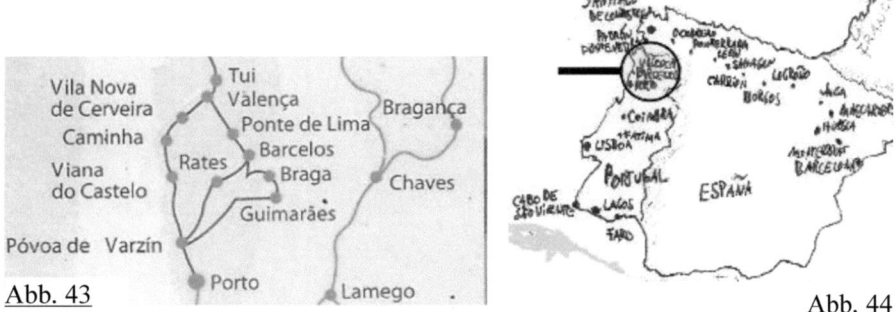

Abb. 43

Abb. 44

Abb. 43: Der Weg von Porto bis Tui (ESP) – ich ging über Rates
(aus dem Pilgerausweis)

Abb. 44: Übersicht iberische Halbinsel mit markiertem Bereich
der Karte Abb. 43

33

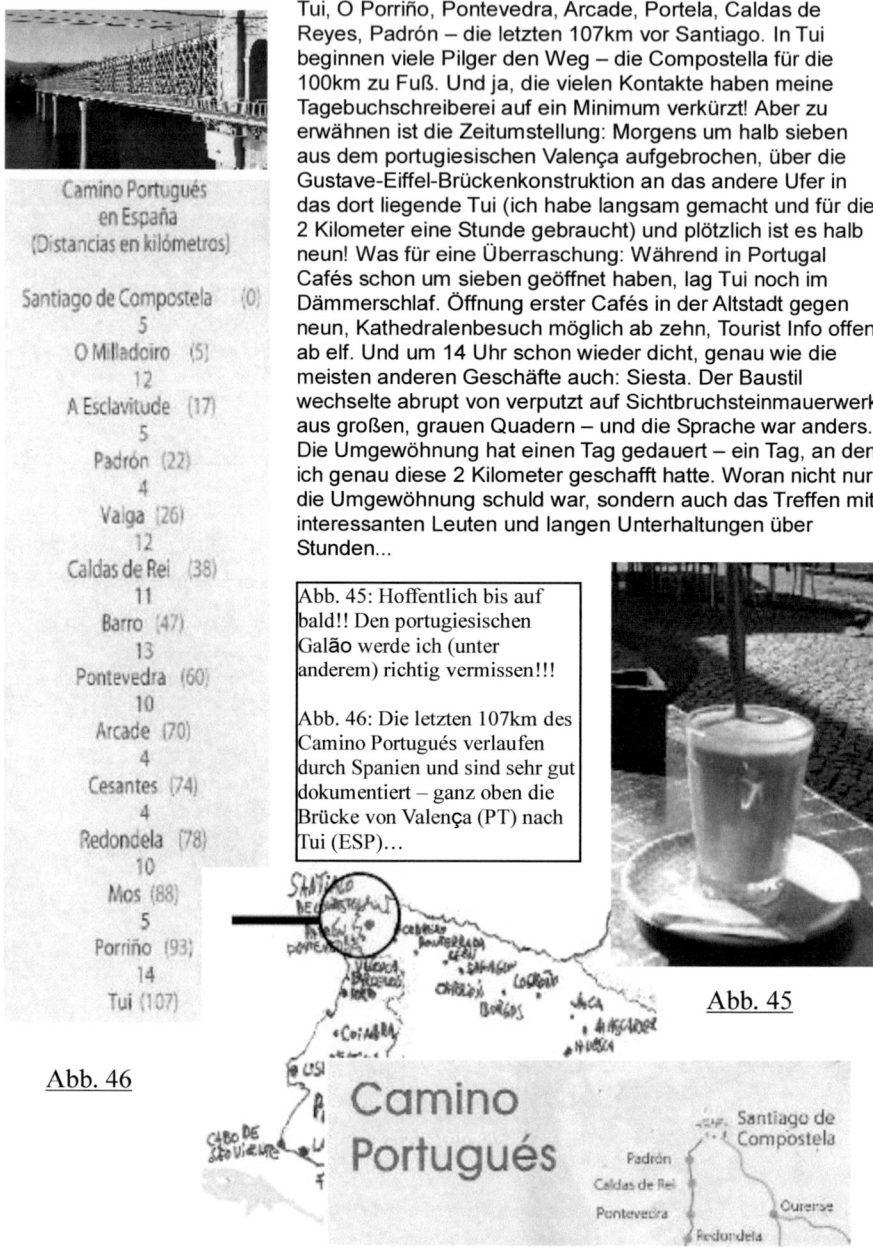

Tui, O Porriño, Pontevedra, Arcade, Portela, Caldas de Reyes, Padrón – die letzten 107km vor Santiago. In Tui beginnen viele Pilger den Weg – die Compostella für die 100km zu Fuß. Und ja, die vielen Kontakte haben meine Tagebuchschreiberei auf ein Minimum verkürzt! Aber zu erwähnen ist die Zeitumstellung: Morgens um halb sieben aus dem portugiesischen Valença aufgebrochen, über die Gustave-Eiffel-Brückenkonstruktion an das andere Ufer in das dort liegende Tui (ich habe langsam gemacht und für die 2 Kilometer eine Stunde gebraucht) und plötzlich ist es halb neun! Was für eine Überraschung: Während in Portugal Cafés schon um sieben geöffnet haben, lag Tui noch im Dämmerschlaf. Öffnung erster Cafés in der Altstadt gegen neun, Kathedralenbesuch möglich ab zehn, Tourist Info offen ab elf. Und um 14 Uhr schon wieder dicht, genau wie die meisten anderen Geschäfte auch: Siesta. Der Baustil wechselte abrupt von verputzt auf Sichtbruchsteinmauerwerk aus großen, grauen Quadern – und die Sprache war anders. Die Umgewöhnung hat einen Tag gedauert – ein Tag, an dem ich genau diese 2 Kilometer geschafft hatte. Woran nicht nur die Umgewöhnung schuld war, sondern auch das Treffen mit interessanten Leuten und langen Unterhaltungen über Stunden...

Camino Portugués en España
(Distancias en kilómetros)

Santiago de Compostela (0)
5
O Milladoiro (5)
12
A Esclavitude (17)
5
Padrón (22)
4
Valga (26)
12
Caldas de Rei (38)
11
Barro (47)
13
Pontevedra (60)
10
Arcade (70)
4
Cesantes (74)
4
Redondela (78)
10
Mos (88)
5
Porriño (93)
14
Tui (107)

Abb. 45: Hoffentlich bis auf bald!! Den portugiesischen Galão werde ich (unter anderem) richtig vermissen!!!

Abb. 46: Die letzten 107km des Camino Portugués verlaufen durch Spanien und sind sehr gut dokumentiert – ganz oben die Brücke von Valença (PT) nach Tui (ESP)…

Abb. 45

Abb. 46

Camino Portugués

Santiago de Compostela

Padrón

Caldas de Rei

Pontevedra

Ourense

Redondela

34

Caldas de Reyes, an einem Samstag, römische Brücke und Herberge im Stadtzentrum – für mich interessant: Der kleine Tante-Emma-Laden, in dem ich endlich wieder Joghurt und Obst erstehen konnte und ein Café, in dem ich das neue Kaffeegetränk, Café con Leite, den spanischen Galão, einen Milchkaffee mit ¼ Kaffee, stark, und aufgeschäumter heißer Milch mit 2 Tütchen Zucker, austesten konnte. Bisher kommt dieses Getränk aber nicht an das portugiesische Original heran! Angeblich soll es hier heiße Quellen geben, das Bad der Könige – aber ich habe diese nicht gesehen...

Abb. 47:
Spanien –
Treppen / Wege /
Kanaldeckel –
Merkmale der
letzten hundert
Kilometer nach
Santiago vom
Süden aus…

Padrón, ein oft genannter Höhepunkt des Weges – naja, die Wiederbegegnung mit Santiago dem Schlächter in einer Vitrine in der Kirche – der verklärt lächelnde Santiago, auf einem weißen Pferd sitzend, das Schwert schwingend und auf auf dem Boden liegende Mauren einschlagen – die Seite des Apostels, die ich so gar nicht mag. Touristenbusse, großer Markt mit Kleidung, Obst, Backwerk oder Haushalts- und Dekowaren aller Art, Dinge, auf die ich mich nicht so einlassen wollte – zumal ich nicht alleine war, und die mich begleitende Pilgerin einen schnellen Schritt hatte – Santiago im Blick. Wir mussten uns trennen – schade – sie hat es bis zum Abend noch nach Santiago geschafft, ich nur bis zu einem Vorort – wo ich unter einem beleuchteten Vordach an einer Hauptverkehrsstraße und von dort aus sehr gut einsehbar die von Regen und Gewitter dominierte Nacht verbrachte. Wir haben uns nicht wiedergetroffen – schon am Morgen des nächsten Tages war sie auf dem Weg per Mitfahrgelegenheit zurück nach Porto …

Abb. 48: Redondela am 19. Juni 2014 – es wurde ein neuer spanischer König ernannt, aber das hat hier niemanden wirklich interessiert. Hier gab es eine Brauchtumsprozession im Rahmen der Festa da Coca, etwas mit Priestern, Hexen und Drachen und Blumenteppich zertretenden Jungfrauen. Christlich ? Heidnisch ? Eine Mischung wohl… (**)

35

(**) Heute weiß ich etwas mehr – siehe Erläuterungen S. 76 – trotzdem…

Santiago!!!!!!!

Abb. 49

Abb. 49: Ich verzichte auf einen Bilderreigen – denn Santiagos Facetten kriegt man so nicht erfasst. Menschenmassen / Touristenströme / Studenten und Brauchtumsfeiern mit starker Beteiligung der Einheimischen. Pilger / Heiligtümer – nur ein kleiner, wenn auch zentraler Teil der Stadt… Hier: Nebeneingang der Kathedrale / Eingang zum Pilgerbüro und die dort erhältliche Compostella (Ausschnitte aus eigenen Fotos / Scans)

Von Tui bis Santiago ! Der spanische Teil des Jakobsweges über O Porriño, Mos, Redondela, Pontevedra, Padron, O Milladoiro. Ein Katzensprung, nur gut 107km - 107km Galizien! Die Zeit läuft hier anders als in Portugal; Geschäfte und Cafés haben später geöffnet, es gibt Siesta sogar für Behörden, es gibt eine lebendige, überall spürbare Tradition. Zum einen durch die Gaita, diese traditionelle Sackpfeife, zum anderen durch die zahlreichen Feste - welche gerade um diese Jahreszeit, um die Sommersonnenwende, auch erstaunliche Blüten treibt. Feuerspringen, geröstete Sardine auf Brot, dunkelblaue Madonnen auf einer Mondsichel mit (erlegtem?) Drachen darunter, Musik und Feuer; Rituale mit brennendem Alkohol mit Schöpfkelle immer wieder blau-orange flammend ausgegossen, dabei Verlesen magischer Sprüche - Bannsprüche gegen Hexen, Hexerei und Hexenwerk. Was glücklicherweise nicht so hart wird im Übergang, ist die Sprache: Der galizische Tonfall ist in Bereichen dem Portugiesischen ähnlich, und mit spanischer Aussprache des "Guten Tag"- Wunsches ist einem weniger gedient als mit der Portugiesischen. Mit "Buenas Diaz" kommt man nicht weit, eher mit "Bom Dias" ...
Was vollkommen anders ist: Die Gebäudearchitektur der alten Häuser. Von Putz zu Sichtstein, große, grau-braune Quaderbauwerke mit deutlich anderen Proportionen und allerlei Verzierungen! Arkadengänge, andere Fensterabmessungen, andere Fenster-aufteilung! Und was betrüblicherweise anders ist: Die Preise! Mit einem Euro gibt es hier bestenfalls einen kleinen Café; der spanischen Entsprechung des portugiesischen Galão, "Café con Leite grande" ist 1,30 bis 1,50 Euro als Standard zuzurechnen - viel, auch wenn oft ein "Petisco" gereicht wird, eine Kleinigkeit in Form eines Kekses, eines Backwerks - oder bei Bier auch mal ein Schinken-Käseröllchen oder ein Dipp mit Brot.
Viele Pilger auf diesem Teil des Weges, viele Interaktionen, viel Begleitung und Wiederbegegnung auf oft landschaftlich schönen Pfaden, teils aber auch auf der N550. Und: Seit der Grenze gibt es Haselnusssträucher!

Abb. 50: Ein Petisco, eine Kleinigkeit, hier zu einem Bier. Ein nett angerichteter Mini-Salat mit roten Paprika und Olive dekoriert – auf einer Untertasse gereicht.

Abb. 50

Gut, ich hätte mir den Einmarsch in die "Heilige Stadt" so nicht vorstellen können. Von Milladoiro, einer modernen Vorstadt etwa 5km entfernt, wo ich die Nacht vom 22. auf den 23. Juni bei greller Beleuchtung verbracht hatte, nochmal durch Wald, über die Eisenbahnstrecke, in ein Tal und wieder bergauf, am Hospital vorbei und Richtung Stadtzentrum. Altstadt- und endlich ein Blick auf einen Turm der Kathedrale in Höhe der Polizeistation. Scheue Annäherung - von wo aus gelange ich zur Frontansicht? Zuerst einen Kaffee und zur Post, und dann bin ich in den sogenannten Touristenstraßen: 2 parallel verlaufende Straßen mit diversen Verbindungsgassen, mit vornehmlich Restaurants in der einen und vor allem Souvenirshops in der anderen. Ich bin von der Seite an die Kathedrale gekommen, ein kleiner Platz, eine größere Treppe, 2 Doppeltüren im figurengeschmückten Portal. Da relativ früh, entgehe ich bei meinem ersten Besuch des "Tempels" dem großen Pilgerstrom, lasse das Gepäck draußen stehen, nehme den Stab mit hinein, knie nieder und spreche ein erstes Gebet, geblendet vom Glanz der zahlreichen Vergoldungen. No Flashlight - daran wird sich gehalten, nicht zuletzt wegen des aufmerksamen Kathedralenpersonals. Sie bedeuten auch: Rucksäcke nur für ein kurzes Gebet - dann ab zur Gepäckaufbewahrung, Hausnummer 15...
Ich berühre S. Tiago! Zumindest das silbern-goldene Abbild, die Rückseite, die silbernen Muscheln in den Schulterbereichen. Und ich besuche S. Tiago, zumindest die symbolischen Überreste in einer silbernen größeren Schatulle. Und ich habe Zeit, allein mit diesen Bildern zu sein, die Augen zu schließen, die Energieflüsse zu sehen - hervorgerufen und verstärkt durch jahrhundertelange Verehrung, durch Gebete vieler, durch zahlreiche Pilger - und egal, ob diese 100 oder 1000km gelaufen sind, ob touristische Motive oder religiöse - jeder dieser Pilger hat Spuren hinterlassen - und es ist schön, Pilger ankommen zu sehen, allein oder in Gruppen, mit viel oder wenig Gepäck, mit modernstem oder schickestem Outfit oder abgerissen und im Rollstuhl oder mit dem Fahrrad - hier sind alle gleich: Pilger. Und die tägliche Würdigung der Leistungen der Pilger und die Erinnerung an die zukünftigen Aufgaben eines Pilgers -- traget hinaus das Licht der Welt -- in der Pilgermesse - da wird sogar ein weltlicher Pilger für einen kurzen Moment gläubig (wenn er Spanisch versteht). Und spätestens beim berauschenden Duft des riesigen, schwingenden Räuchergefäßes weiß man: Es hat sich gelohnt, hierher zu kommen!
Nun habe ich diese diversen Urkunden in Händen, und dann kommt der Blues: Wieso weitergehen? Ziel erreicht! Pilgerschaft komplettiert! Gestempelt, bescheinigt, auf Papier gebannt. Und dann erinnert man sich an den Auftrag eines Pilgers - nach einer mindestens einen Tag andauernden Depression, nach der fälligen Umorientierung. GUT - für mich bedeutet es erstmal: Finisterre. E Ultreia - e sus eia! Immer weiter!!

Abb. 51

Abb. 51: Reliquienschrein des S. Tiago, das Herzstück der Kathedrale von Santiago de Compostela (eigene Zeichnung und Wahrnehmung)

Ein Halbwochenbericht, ein Bericht von der "Costa da Morte", vom "Fin de Camino" - aus Muxia am Atlantik, meinem nördlichsten Treffpunkt mit dem Meer. Bleiern und spiegelglatt liegt es vor mir, gerade wolkenverhangen - aber die Sonne wird wieder herauskommen und das Seebadfeeling verstärken. Klares, sauberes Wasser bester Gewässergüte, Sandstrände, die zum Verweilen einladen- aber noch gehe ich nicht zu diesem Nass. Gestern kam ich hier an, nach einem 27-km-Fussmarsch.von Hospital (einem Dorf!!), nach einer Nacht, in der mich Regen und Sturm trotz Überdach genässt haben (zum Glück habe ich den Schlafsack trockenhalten können). Und heute wird es weitergehen Richtung Finisterre - dem Ende der (damals bekannten) Welt. Santiago- Negreira- Olveiroa- Muxia. Etwa 88km durch eine schöne, wellige, grüne Gegend - mal stärker landwirtschaftlich geprägt, mal karg und schroff. Altes Land, schon ewig besiedelt, mit steinzeitlichen Stätten und Römerbrücken. Und immer wieder bewölkt, regnerisch. Und immer wieder mit langen sonnigen Abschnitten.

Meine Wanderschuhe haben 2km vor Muxia quasi ihr Leben ausgehaucht. Mit "lebens-verlängernden" Maßnahmen versuche ich, sie die 29km bis Fisterra zu tragen, um sie am Cabo de Finisterre zu den vielen anderen Schuhen zu hängen, hoffentlich einzutauschen!

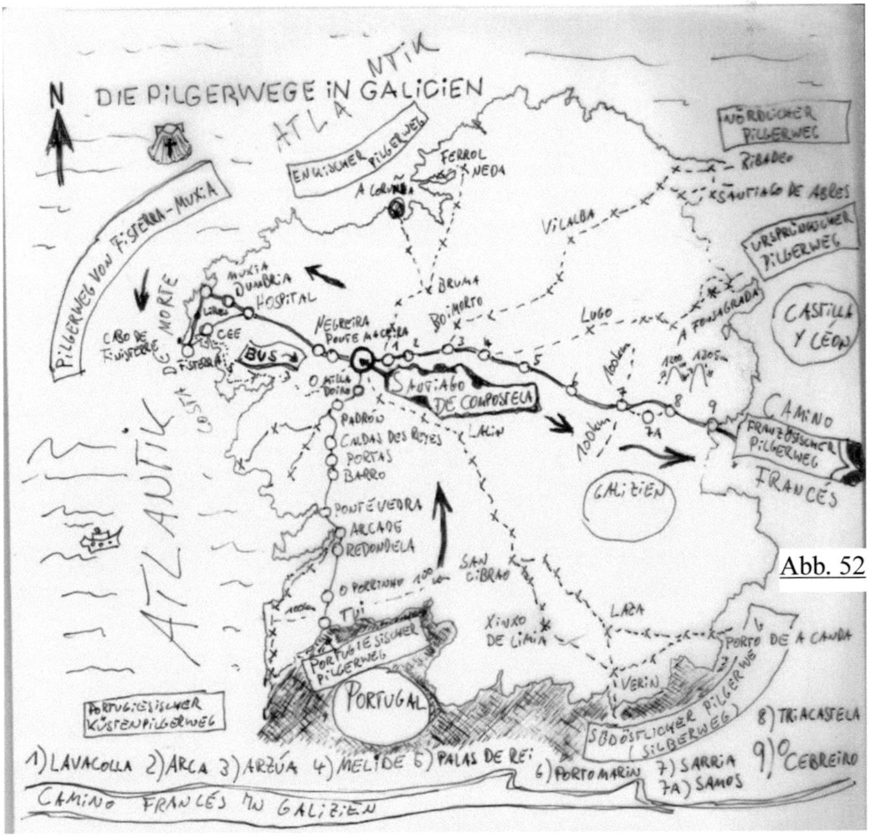

![Abb. 52: Die Pilgerwege in Galicien]

Abb. 52: Die Pilgerwege in Galizien – die Pfeile bezeichnen den von mir genommenen Weg. Skizze nach dem Pilgerführer der galizischen Touristik-behörden (Xunta de Galicia)

Dieser Bericht fällt kurz aus! Er beinhaltet das Ende des Weges! Und zwar in Fisterra / Kap Finisterre, wohin mich meine Schritte von Muxia aus führten, mit einer teuren Freiluftübernachtung für 18Eur in Lires, mit einer bequemen Nacht in Fisterra, mit dem Wiedersehen von Weggefährten und dem Kennenlernen neuer ... Mit dem gestrigen 01.07. habe ich das schöne Tagebuch mit dem goldenen Schnitt geschlossen (ja, es sind noch ein paar Seiten frei darin!!..) und ein Ringbuch angefangen. Am gestrigen 01.07. habe ich meine Schuhe am Kreuz zurückgelassen unter grauem Himmel, bei böigem starkem Wind, über und unter kreisenden Möwen, am Landende, dort, wo erst nach 6000km wieder Land in Sicht kommt... Und es ist ein Anfang drin - der grobe Schnitt, 90km mit dem BUS nach Santiago. Ein neuer Weg, der Weg nach Osten - der zweite Teil.... Seid gespannt - neue Fotos gleich online ... Fred

![Abb. 53]

Abb. 53

Abb. 53: Eindrücke vom Pilgerweg Fisterra – Muxia. Statue eines Pilgers (Bronze) kurz vor dem Leuchtturm am Kap Finisterre / Kilometerstein 0,00 mit den ausgedienten Wanderschuhen / Kreuz mit Schuhen / Wegimpression nach Muxia / das Torhaus in Negreira / der Autor am Gedenkkreuz in Fisterra – noch sehr hungrig: Seit dem Abend vorher gab es nichts mehr zu essen... / Meer und Himmel und Weite – in 6000km gibt es wieder Land zu sehen!

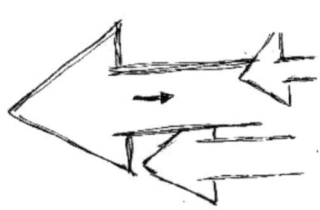

Wochenbericht 16 - 09.07.2014

Sechs Tage ist es nun her, das ich von Santiago aufgebrochen bin, den Weg zurück gesucht und bisher auch gefunden habe. Sechs Tage im Zeichen von Begegnungen, Tropfen im Strom, einer gegen tausende. Sechs Tage bestimmt von Geldknappheit, dem Fragen nach etwas kostenlosem zum Essen, nach einem Kaffee, nach einer Banane. Dem Annehmen von Geld. Der Wahl zwischen Essen und Schlafen in einer Herberge - wobei letzteres in Zukunft eher flach fallen wird: Mein Schlafsack riecht! Und zwar so sehr, dass Pilgerneulinge sich gestört fühlen und selbst ein erfahrener Hase meinte, dass er mich die ganze Nacht gerochen hätte. Tja, Freiluftübernachten in Santiago vor der Kathedrale hat die unangenehme Eigenschaft, das Hunde- und Menschenabsonderungen von Jahrhunderten in den Steinen haften. Da helfen auch die morgendlichen Reinigungsfahrzeuge nicht viel! Ich stelle aber fest: Ich und auch meine Wäsche sind es nicht, die da müffeln...
Ja, Begegnungen: 1000mal pro Tag "Ola, Buon Camino/ good way/ bonne route/ schönen Weg"; 50mal erklären, wohin ich will, 10 intensivere Gespräche und hin und wieder Strudel im Strom, esoterische Erfahrungen, auf die ich jetzt nicht näher eingehe. Aber ich bin getragen, behütet, beschützt und mit viel Kraft und Energie ausgestattet. Ich werde gesegnet, lese Texte in Gottesdiensten vor, empfange das heilige Abendmahl, vereine mich mit einem Wald...

Die Stationen bisher ernüchternd. Kleinstädte, ein paar schöne Bauten, zu klein für Internet-Cafés oder öffentliche Bibliotheken (Ausnahme: Sarria - aber da wollte ich nur schnell raus, aus diesem 100-km-wooling mit Bahnhof) Doch die Landschaft und der Weg - beide traumhaft! Eichenwälder, Kastanien so alt, das sie noch die Anfänge der Jakobspilgerschaft mitgekriegt haben, hügelige / bergige Landschaft mit kleinen Bruchsteinhaussiedlungen, Donativo-Cafés und Vertrauens-Verpflegungsstellen (an denen ich den Großteil meiner täglichen 5€ lasse), freundliche Einwohner, ein paar Kirschen am Weg - und ab heute Berge und die Ruhe, sie zu genießen. Der Pilgerstrom ist abgeebbt auf etwa 1/5 der Menge des ersten Tages. Geschrieben im Angesicht des Sonnenuntergangs (22.05Uhr) in über 1000m Höhe etwa 3km östlich von Triacastela. Hier kann es Bären geben. Ich schlafe draußen...
Gute Nacht!!

Abb. 54: Die ersten Zeilen der Geschichten vom Stock – aufgeschrieben in Santiago de Compostela – diese Geschichten werden als ein kleines Büchlein herauskommen…

Die Geschichten vom Stock...
... oder:
Wie ich zum Pilgerstab wurde

1. Kapitel: Wie ich entstand
(die Schöpfungsgeschichte)

Gewachsen sind wir an einem stillgelegten Bahngleis in der Mitte Deutschlands, zusammen mit vielen Artgenossen. Ich als „Stock" sage „wir", da wir aus zwei Teilen bestehen: Das Unterteil von uns kommt von einem Strauch etwa 5 Meter weiter; ich und ES bilden erst seit unserer Gesamterschaffung eine Einheit. Dabei ist ES der tragende, der muskulöse Teil – ich bin zwar aus dem gleichen Holz geschnitzt, bin aber zarter weil von weiter oben und bin stolz auf meine 3 sensorischen Abgänge, die es mir erlauben, zu tasten und zu fühlen, ähnlich wie die Fühler einer Schnecke, nur nicht ausfahrbar.
Irgendwann hörten wir Lärm auf unserer Bahnstrecke- ungewöhnlich, und es kam näher! Wir hörten die Schreie anderer Sträucher, hörten das Fetzen, Krachen und Splittern gemischt mit Benzingestank. Das Ende, ein traumatisches Erlebnis- aber mit diesem statischen Ende kam ein beweglicher Anfang...

Abb. 54

Noch 39Minuten hier im Bezahlinternet eines Cafés in O Biduedo in 1190m Höhe..

Abb. 55

Abb. 55: Impressionen vom Camino Francés bis Sarria – Standardessen
(Tintenfischstücke in schwarzer Soße mit Baguette) / Sarria am Morgen –
entgegenkommende Pilger / Estrella-Bier vor einer Bar / Kilometer 100 bis Santiago de
Compostela – und Detail – mit Stein von mir, 08.07.2014

42

Abb. 56: (Hintergrundbild) –
Aussicht vom
Übernachtungsplatz in den
Bergen

... Der Mond steht auf der andern Seite, fast voll schon wieder
und ein Mensch sitzt auf `nem Scheite und singt schwere Lieder.
Weit hallt die Stimme übers Land
Pflanz und Tier lauschen gebannt.
Die Nacht kommt schnell von jetzt auf gleich
der Mensch verstummt und kramt ganz rasch
im Rucksack, seinem kleinen Reich.
Schnell ausgepackt hat er die Tasch
Isomatte, Schlafsack hin
und schon liegt das Menschlein drin
schaut voller Ehrfurcht auf die Berge
wogegen wir nun alle sind wirklich wie die Zwerge.

Die Nacht wird kalt
und Mensch merkt bald
es ist besser, noch mehr anzuzieh`n
Alternative wäre, ganz schnell weitergeh`n.
Doch Dunkelheit, Mangel an Licht -
gestattet diese Alternative nicht.
Die Zeit verrinnt im Sternenlicht,
nur für das kleine Menschlein nicht.
Die Augen wandern immer wieder
den Berg hinauf und wieder nieder.
Es wird sehr kalt, so richtig frisch
und Tau dazu, der Schlafsack quietscht
vor Nässe und zu allem Übel
Ist dort Hangneigung, und ohne Dübel
Rutscht das Menschlein mit der Zeit
herunter von der Isomatte, bald ist
klemmt sich in den Schlafsack ein
schläft zwei Stunden wie ein Stein

und als es wieder aufgewacht
ists lange schon nach Mitternacht
Dreie wird es und dann vier
das Menschlein strampelt schon wieder hier
rutscht runter und rutscht wieder hoch
denkt nur - wie lange noch
bis endlich wieder in der Helle

ich mich fortbewegen kann von dieser Stelle.
Um Sieben schließlich ists vorbei
die Nacht endet - ein Hahnenschrei
schön, das es die Handschuh hat kalt ist der Stock und
ziemlich glatt
froh, das es ein Café fand
schrieb dies Gedicht mit kalter Hand

Fred

Vilafranca del Bierzo - habe einen Internetkiosk gefunden und lade gerade Fotos hoch - Ordner: Spanien - Der Weg nach Osten ... Zeitmangel, ist teuer hier ...

Abb. 57: Der Weg in Castilla y Léon Teil 1 – von O Cebreiro bis hinter Léon – mit Impressionen aus O Cebreiro (über den Nebeln) / Ponferrada / Manjarin / Cruz de Ferro und ein „Templer" in Astorga

Abb. 57

10.7.14 O Cebreiro; 11.7.14 Faba / Vega de Valcarce; 12.07.14 Vilafranca
del Bierzo / Cacabelos; 13.07.14 Camponaraya / Ponferrada; 14.07.14
Molinaseca / Manjarin; 15.7.14 Valdeviejas über Cruz de Ferro; 16.7.14 Astorga; 17.07.14
Santibanez de Val de Iglesias / San Martin del Camino; 18.07.14 Virgen de Camino / Leon;
19.07.14 Leon
UNMÖGLICH, all die Erinnerungen, Erfahrungen, Erlebnisse in einen Wochenbericht zu
packen! Vielleicht: Von den Bergen in die Ebene? Oder: Von Touristenfallen, absoluter
Geldlosigkeit, von Mitmenschlichkeit und Wundern? Oder: Von Templern, Samurais, Jesus
und Engeln? Vielleicht könnte ich Oden auf Begegnungen vielfacher Art schreiben? Oder
einfach über großartige Fernblicke, hitzeglühende Landschaften und Straßenwandern...

Ich begnüge mich mit 3 Begebenheiten:

Abb. 58

1. CRUZ DE FERRO

Abb. 58: Mit Laureen am
Cruz de Ferro (s. Punkt 1)

Nach einem zum großen Teil sehr steilen Anstieg über 12km
hinter Molinaseca war ich am Vorabend bis Manjarin gelangt,
ein Ortsname, eine Marke des Weges. Und dann nur etwa 2 intakte Häuser und um die 15
Ruinen. Schon auf ca. 1300m gelegen, war der 2km lange Weg zum ca. 100m höher
gelegenen höchsten Punkt des Camino Francés ein Leichtes. Erst auf den letzten 200
Metern war das Kreuz aus meiner Richtung zu sehen, und ich war erst mal enttäuscht. Weit
entfernt davon, imposant zu sein! Eher ein Pfahl mit einem kleinen Kreuz drauf, auf einem
Schutthügel. Und dann noch mit ungefähr zwei Dutzend Pilgern umgeben, einige auf dem
Hügel, sich fotografieren lassend. Doch beim Näherkommen wurde die Luft schwerer, die
Stimmung war zwar lärmend, aber doch aus einer gewissen Unsicherheit heraus. Und
immer wieder gingen Pilger hoch, mit Andacht und Behutsamkeit einen Stein / einen
Gegenstand ablegend oder eine Karte am Pfahl befestigend, eine Kette oder ein
besonderes Andenken. Eine volle Lucky-Strike-Schachtel lag da - und ich habe sie nicht
genommen, sondern am Platz gelassen wie ich auch Andenken an einen Toten nicht
bewege.
Mehr als 2 Stunden hat es wohl keiner dort auf der Bergkuppe ausgehalten. Keine
berauschende Fernsicht; viele Erinnerungen, Gebete, Versprechungen, Trauer belasten das
Gemüt. Die Sonne vermag dieses umschattende Gebilde nicht zu vertreiben.
Doch trotzdem eine tiefgehende Erfahrung, und auch mindestens ein positives Ereignis: Die
Begegnung mit Laureen, einer Amerikanerin (Abb. 58). Seither reist ein St.-Josephs-
Medaillon am   Stock mit ...

Abb. 59:
Kreuz am
Peregrino
Platz (s. Punkt
3)

Abb. 60:
Höhenprofil
von
Ponferrada
zum Cruz de
Ferro und
weiter...

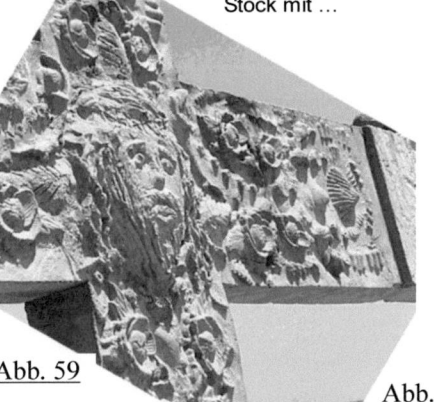

Abb. 59

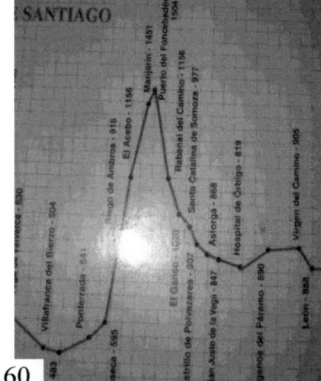

Abb. 60

2. "PAY FOR PRAY" - Leon, Kathedrale

Und deswegen habe ich das Kathedraleninnere bisher nicht gesehen! Gerade mal von der kleinen Ecke des Einlassbereiches aus. Wie mir die Dame am Eingang kaltschnäuzig bedeutete: Die Kathedrale ist für Touristen - Gebete können in einer Seitenkapelle gesprochen werden. Kostenlose Möglichkeit, die Kathedrale zu betreten, wäre eine Messe, von denen auch 6 am Wochenende stattfinden - allerdings teilweise ebenfalls in besagter Kapelle, wenn private Feiern im Hauptgebäude angesetzt sind, wo BESTIMMT Geld fließt ! Das Licht von S. Tiago, was zu verbreiten die heimkehrenden Pilger beauftragt sind, kommt so nicht ins Gebäude. HIER HAT DAS CHRISTENTUM VERLOREN, die Kathedrale ist entweiht, in der Bedeutung eines antiken Frankfurter Bankenturms Gott Mammon zugedacht. Die Besucher und Priester tanzen um das goldene Kalb! Und Gott ist abgedrängt in ein unbedeutendes Seitengebäude, das an Pracht und Ausstrahlung von vielen Dorfkirchen übertroffen wird. Gut, Astorga hat mich darauf vorbereitet- dort das erste Mal Eintritt in dieser Form - immerhin gab es aber wenigstens eine Stunde vor Beginn der morgendlichen Messe die Gelegenheit, die Kirche kostenlos zu besuchen und sich in Pracht und Herrlichkeit wieder an den Auftrag und den Glanz des Santiago-Baus zu erinnern ...*

Abb. 61: Auf einer riesigen Reklametafel östlich von Léon eine Verbindung von Kommerz und Pilgerschaft – wobei ich dort Kirk Douglas zu erkennen glaubte…

Abb. 61

3. EIN BIO-DONATIVO-STAND und eine Filmaufnahme in weiter Flur

Auf dem Weg von Astorga nach Hospital de Orbiego wird einem die plötzliche Ebenheit der Landschaft bewusst. Weite Blicke, gerade Straße auf dem ersten Stück, dann noch einmal etwas Auf und Ab über sandig-steinige Wege in etwas geschwungener Form. Pinienplantagen, Flussläufe, Extensivtrockenwiese, dürre Getreidefelder, Disteln mit rosa/gelben/lila Blüten, weghuschende Eidechsen, wenig Schatten - denn die Nadelholzbestände sind mit weitem Abstand zum Weg angelegt. Ein wenig beängstigend ist es schon, unter der Mittagssonne zu laufen. Aber glücklicherweise gibt es doch ein paar Schattenplätze. Z.B. auf dem 8,7 km langen Stück zwischen 2 Dörfern: Etwa das "La Casa de los Dioses" - endlich mal BIO!! Saft, Früchte, Müsli, Mandelmilch! Dazu eine schöne Sitzgelegenheit- im Schatten! Mit tibetischen Gebetsfahnen und indischen Tüchern dekoriert. Der Betreiber macht diesen Stand seit 5 Jahren - ein Wohnen zwischen Mauerresten, ein paar Schutzdächer, das war`s!
Und dann ein Peregrino- Platz ca. 500m von einem Dorf entfernt: Ein Betonkreuz, der Beton am Fußpunkt weggebrochen - das Kreuz sich wiegend am Baustahl im Wind. Eine Bank, mit dem Baum, an sie angelehnt steht, schwingend. Ein Tisch, viel zu weit weg von der Bank. Eine Vogelscheuche, als Pilger ausstaffiert, Gedenksteine, Kniekompresse und beschrifteter Überhang inklusive. Und ein Filmteam >> www.santiagoelcamino.com <<, was mich ausführlich dort interviewt hat und welches ich dann irrtümlich mit km-Angabe 2,5 zum erstgenannten Ort geschickt habe (es sind 5km - ich muss geträumt haben unterwegs) - gut, sie waren auf Bikes und sie haben ein Begleitfahrzeug... Bis in ca. 5-7 Tagen!! ...

*Nachtrag 22.07.2014: In Leon bin ich doch noch in die Kathedrale gelangt - vor einer der sonntäglichen Messen rein und ebenso vor der Messe wieder raus. Ich habe dort NICHT gebetet... Aber ja, recht beeindruckend dadrin...
ICH BIN ERKÄLTET! Deshalb werden die Tagesetappen kürzer sein - schwach und leicht fiebrig... Nase läuft... Und dazu die Meseta - über die ganze nächste Woche...

Abb. 62

Abb. 63

Abb. 62: Ausschnitt aus der Urkunde aus Sahagun

Abb. 63: So kann Amor aussehen: Eine unter Zehntausend….

Abb. 64: Sahagun – Mitte des Weges – links der König, rechts der Bischof

Abb. 65: Meseta mit Blick auf Arroyo

Léon- Castrojeriz (in der Meseta) über Mansilla de las Mulas, Sahagun, Calzadilla, Carrion de los Condes, Fromista, Itero de la Vega …
In LÉON traf mich die Liebe - die eine unter 10.000, die es sein könnte! Ein wenig komme ich mir vor wie König Drosselbart - 9.999 Frauen, die ihr schönstes Lächeln aufsetzen (welches jedes Mal mein Herz berührte, aber nicht missverstehen: Auch Männer können sich von ihrer besten Seite zeigen, wenn sie wollen)- und dann Nr. 10.000. Einen Abend bei Wein und intensivem Gespräch, eine getrennt zu verbringende Nacht, einen Morgen, einen Abschiedshauch auf die Wangen...
Traumwandlerisch auf einer Wolke bin ich weitergeflogen, nach Mansilla de las Mulas, einem mittelalterlich anmutenden Städtchen mit Festungsmauer, Stadttorresten, Arkadengängen, als Zugang von Santiago - Seite eine enge -Verkehr einbahnig durch Ampel geregelte- Brücke aus römischer Besiedlungszeit. Und immer noch ein wenig beduselt nach Sahagun, der Mitte des Weges zwischen Roncesvalles und Santiago. Und diese Mitte, diesen Äquator habe ich passiert, zwischen König und Bischof in steinernem Bogenansatz wie Bastian durch die Sphinxen der "Unendlichen Geschichte", oder die Gefährten durch die Schlucht in "Der Herr der Ringe".

47

Abb. 64 links   Abb.65   Abb. 64 rechts

An dem Abend kam ich bis Calzadilla, nach einem Irrgang durch alte Alternativrouten des Weges, kaum beschritten, dafür mit zahlreichen Tieren, die am Hauptweg nicht anzutreffen sind: Trappen, Fasane und viele weitere Vögel; Wiesel, Füchse, Hasen und anderes Kleingetier. Negativ waren die Extrakilometer, für die ich wassertechnisch unzureichend ausgestattet war, positiv die tollen Ausblicke auf urtümliche Orte wie Arroyo: Ein rund angelegtes Bauerndorf mit Kirche mittendrin.
Nun, an dem Abend habe ich Henri, 61, Mehrfachpilger mit Erfahrung auf den Wegen, getroffen, wiedergetroffen - erstmals gesehen in Santiago, und wiedererkannt. Gemeinsam haben wir die Meseta beschritten, uns quasi gegenseitig gestützt im Angehen gegen den Wind, gegen das Alter, …

Abb. 66: Meseta-Medley – mal flach, mal wellig, oft agrarisch genutzt mithilfe von Bewässerung …. Von oben im Uhrzeigersinn: Meseta am Morgen zwischen Carrion de los Condes und Villalcazar de Sirga / Henri und Twister vor Castrojeriz / …zwischen Calzadilla de la Cueza und Carrion de los Condes / … vor Terradillos de los Templarios mit Blick auf Arroyo/ …hinter Carrion de los Condes / vor Villalcazar de Sirga / vor Itero de la Vega / lange Gerade am ersten Tag mit Henri und Twister / Getreide in der Meseta östlich von Sahagun / Schafe in der Meseta vor Itero de la Vega

48

Abb. 71

ARCAHUEJA
PUENTE DE VILLARENTE
MANSILLA DE LAS MULAS
RELIEGOS

⇒Z

EL BURGO RANERO

BERCIANOS DEL REAL CAMINO

SAHAGUN

SAN NICOLAS DEL REAL CAMINO
MORALINOS
TERRADILLOS DE LOS TEMPLARIOS

CALZADILLA DE LA CUEZA

...gegen die Schwäche (immerhin war ich bis Sahagun richtig krank...). Schön ist die Meseta - obwohl steinig, meist "Kultur"-Land, meist Getreide, manchmal Sonnenblumen, manchmal Mais. Das Lied der Meseta ist eine Symphonie ohne Worte, nur Ton und Rhythmus. Und es kann subtil erklingen oder machtvoll!! Und es hat sooviel Bedeutung, soviel zu sagen...

Gemeinsam kamen wir nach Carrion de los Condes, Fromista, Itero de la Vega, Castrojeriz. Und gemeinsam werden wir bis Burgos pilgern!

Abb. 68

Abb. 67

Abb. 71: Der Weg in Castilla y Léon Teil 2 – von hinter Léon bis hinter Castrojeriz. Ab Itero de la Vega beginnt der Distrikt Burgos

CARRION DE LOS CONDES

VILLALCAZAR DE SIRGA
VILLARMENTERO DE CAMPOS
REVENGA DE CAMPOS
POBLACION DE CAMPOS
FROMISTA
BOADILLA DEL CAMINO

ITERO DE LA VEGA

CASTROJERIZ

FONTANAS

Abb. 67: Twister, der Begleithund von Henri – und dann auch mir…

Abb. 68: Stele in Boadillo del Camino

Abb. 69: Über Hontanas

Abb. 70: Westlich vor Castrojeriz – richtig steil und Aussicht – natürlich kein Schatten…

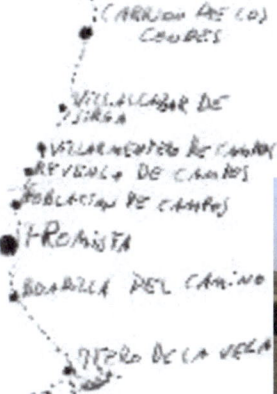

Abb. 69

Abb. 70

Es gibt verschiedene Methoden, den Pilgerweg zu beschreiten – eine davon lernte ich in meiner Zeit mit Henri und seinem Hund Twister (ein ganz lieber Begleiter, hält gerne die Gruppe zusammen, ist recht nützlich beim Bewachen des Gepäcks und ein echter Kamerad...) kennen. Die Methode, ohne Geld den Weg zurückzulegen und von den entgegenkommenden Pilgern die für ein abendliches Mahl benötigte Menge Geld zu beschaffen. Ein niedlicher Hund, ein Gespräch - Ziel Zigaretten und / oder Geld. Vorzugsweise französisch oder deutsch / englisch sprechende Pilger (die waren dann meine Aufgabe). Diese Methode hat Nachteile: Wir, Pélerins blancs – weiße Pilger, fixiert auf Materielles, die entgegenkommenden Menschen einteilend nach Nationalität und lohnend oder auch nicht, immer nur Geld! Nicht mein Weg – entsprechend dürftig waren meine „Erfolge" - und hielt ich für ein Gespräch, dauerte diese Unterhaltung oft lang. Denn ich sah ein Ungleichgewicht zwischen Geben und Nehmen – und der Wind gab mir recht: Bisher die einzige Zeit des Weges, in dem ich teilweise richtig starken Gegenwind hatte!! Und Gegenwind ist ein mächtiger Gegner!

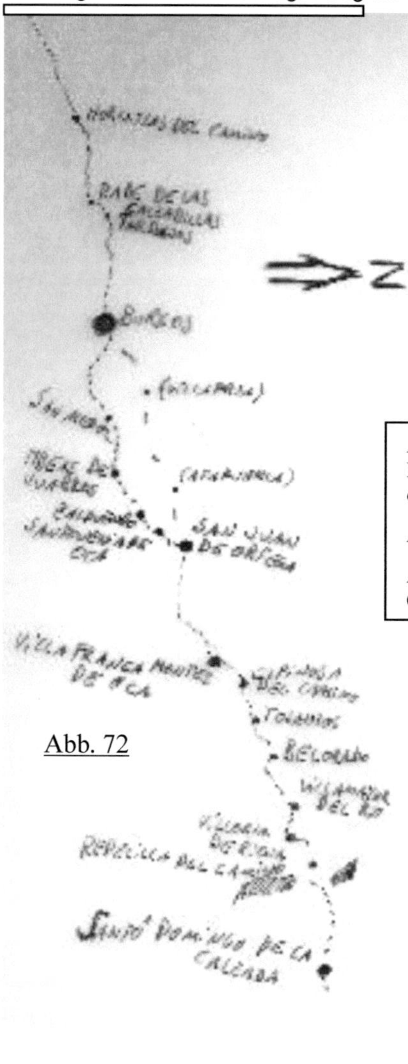

Aber einige Dinge sind auch schön: Eine abendliche warme Mahlzeit aus Nudeln mit einer Gemüsesauce oder ein morgendlicher Kaffee vom eigenen Gaskocher, das Nächtigen im Freien zu mehreren - ein Stück mehr gefühlte Sicherheit - , die Unterhaltungen und die Stimmung des Abends, die zu teilen manchmal eine Potenzierung bedeutet...

In Burgos allerdings ist eine unwillkommene Sache hinzugekommen: Warten / Spähen / nichts tun. Und so beginne ich, das Alleinsein zu suchen: Die Universität und weite Teile der Stadt im Alleingang, lediglich nachmittags oder abends zusammenkommen, um die Kathedrale herum. Ich freue mich auf den weiteren Weg nach Osten – den ich ohne Begleitung zurücklegen werde...

Abb. 72: Der Weg in Castilla y Léon Teil 3 – von Hornillos del Camino über Burgos bis Santo Domingo de la Calzada

Abb. 73: Henri kocht in Castrojeriz

Abb. 74: Detail Klosterkreuzgang in Carrion de los Condes (Real Monasterio Benedictino de San Zoilo)

Abb. 72

Abb. 73

Abb. 74

Wieder frei! Wieder auf der Route! Nach einem Irrlauf auf dem Weg des spanischen Nationalhelden El Cid und dem Marsch bis Sonnenuntergang mit folgender Übernachtung in der Wildnis morgens um 9.00Uhr in Ibeas de Juarros im Café. Herrlich, auch wenn die folgenden 6km entlang der stark befahrenen N120 nicht so toll waren, diese erste Erleichterung doch ein wenig getrübt haben. Alternativstrecke des Jakobsweges bis zur Monasterio San Juan de Ortega: Nur für Radfahrer zu empfehlen! Wie z.B. in Santovenia de Oca waren die Kirchen zwar auf - aber eigentlich auch nicht: Man konnte durch ein Gitter in den Raum schauen. Und auch sonst: Keine Bar, kein Geschäft, keine Pilger. Von der Monasterio aus nach Villafranca Montes de Oca wieder anders: Teils auf über 1000m, Eichen- und Pinienwälder. Weiter über Viloria de Rioja, Belorado, Redecilla del Camino und Grañón durch Weinbaugegenden, Santo Domingo de la Calzada - wo es eine hübsche Legende um einen jungen Deutschen und gebratenes Geflügel gibt, über Azofra nach Nájera. Mit vielen Begegnungen und einigen Geschenken, mit vielen Geschichten und einigen Einsichten ...

Abb. 75: Einige Eindrücke von der Strecke zwischen Burgos und Logroño (von links oben nach rechts unten) –

vor Azofra: Ein Schattenplatz an einem Bewässerungskanal, am rechten Bildrand Rioja-Weinreben...

erster Blick auf Nájera

Viana, Strassenszene

Ibeas de Juarros: Die N 120 in ganzer Pracht

Villoria de Rioja: Die wirklich schöne Kirche (dort habe ich im überdachten Eingangsbereich übernachtet)

Die Ruine einer Hermita östlich von Villafranca Montes de Oca

Blick auf Logroño

Abb. 76: Die Grenze zwischen Burgos und La Rioja ...

Abb. 76

Abb. 75

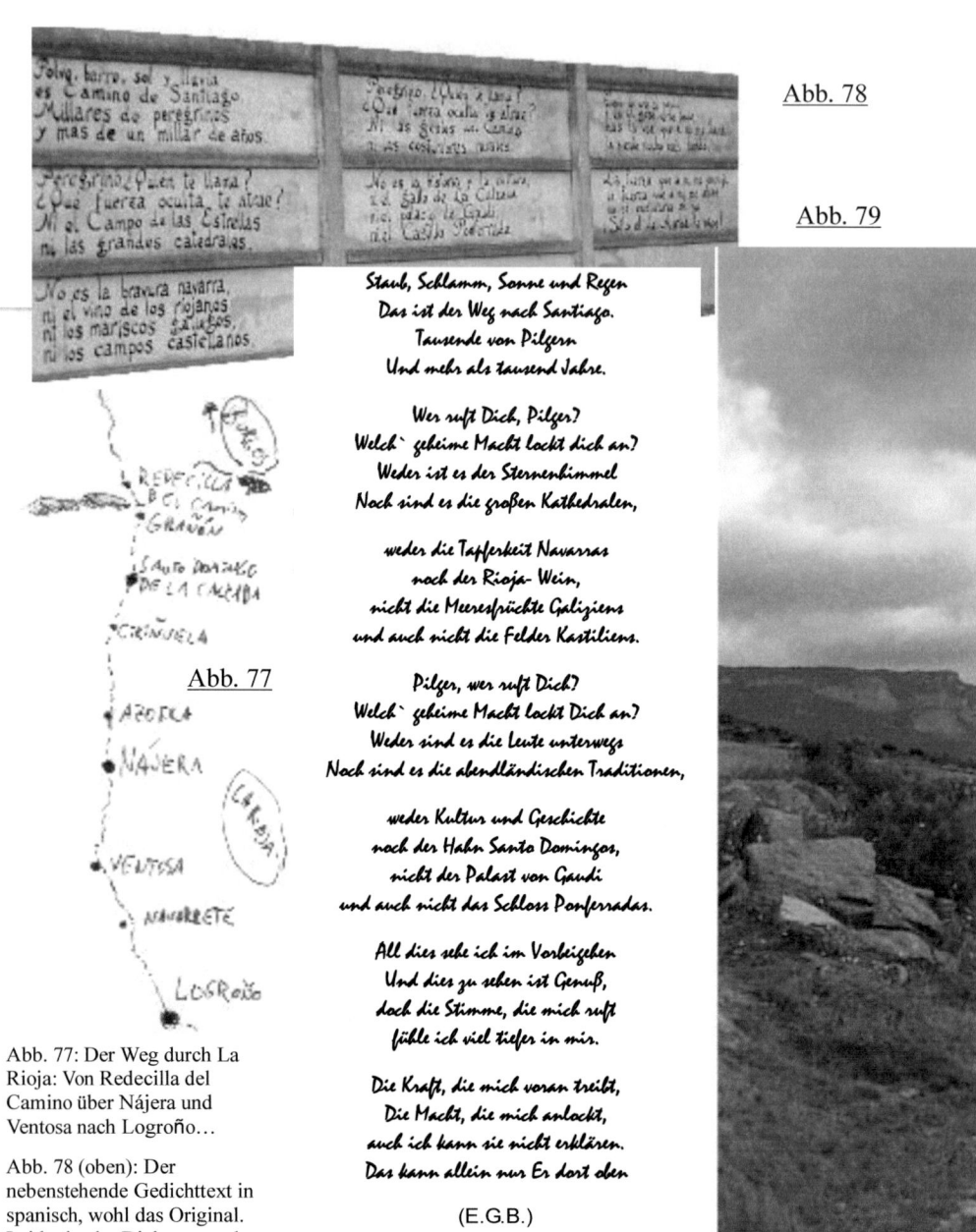

Staub, Schlamm, Sonne und Regen
Das ist der Weg nach Santiago.
Tausende von Pilgern
Und mehr als tausend Jahre.

Wer ruft Dich, Pilger?
Welch` geheime Macht lockt dich an?
Weder ist es der Sternenhimmel
Noch sind es die großen Kathedralen,

weder die Tapferkeit Navarras
noch der Rioja- Wein,
nicht die Meeresfrüchte Galiziens
und auch nicht die Felder Kastiliens.

Pilger, wer ruft Dich?
Welch` geheime Macht lockt Dich an?
Weder sind es die Leute unterwegs
Noch sind es die abendländischen Traditionen,

weder Kultur und Geschichte
noch der Hahn Santo Domingos,
nicht der Palast von Gaudi
und auch nicht das Schloss Ponferradas.

All dies sehe ich im Vorbeigehen
Und dies zu sehen ist Genuß,
doch die Stimme, die mich ruft
fühle ich viel tiefer in mir.

Die Kraft, die mich voran treibt,
Die Macht, die mich anlockt,
auch ich kann sie nicht erklären.
Das kann allein nur Er dort oben

(E.G.B.)

Abb. 77: Der Weg durch La Rioja: Von Redecilla del Camino über Nájera und Ventosa nach Logroño…

Abb. 78 (oben): Der nebenstehende Gedichttext in spanisch, wohl das Original. Leider ist der Dichter nur als E.G.B. bezeichnet, ein Titel fehlt. Ort: Bei Ventosa an einer Betonwand

Abb. 79: einsame Gegend vor Ruesta…

Abb. 80: Abschrift des ebenfalls an dieser Mauer sich auch in Deutsch befindlichen Gedichtes aus Abb. 78 - Genau dieses Warum hatte mich zu dem Zeitpunkt stark beschäftigt – mich interessierten all diese Bauwerke und Landschaften, Eigenarten der Landstriche und die tausenderlei Sehenswürdigkeiten nicht mehr.

Warum also gehe ich weiter?

Ja, die viel viel tiefer in mir klingende Stimme, die mich vorantreibende Kraft, die Energien des oben und unten und aller Dimensionen, die höchste Energie (er da oben ist zu simpel) – nur das und nicht das profane Sichtbare ist der Grund, warum ich mich nicht sofort in den nächsten Flieger setze…

52

Teil F : Spanien – weiter nach Osten

Notgedrungen wird der folgende Bericht etwas knapp –
mit heißer Feder geschrieben, wenig Zeit... Sorry !
Von Nájera nach Logroño - in eine Großstadt mit zahlreichen beeindruckenden Bauten im Altstadtbereich. Im Café el Mercado war ich der letzte Gast des Abends ohne einen Cent zu bezahlen:
Ein Stammgast hatte mit mir noch einige Vino blanco geleert, freute sich auf Stuttgart, wo er zwei Porsche Cayenne (natürlich weiß) zu ordern gedachte. Und der erste Gast des Morgens - meine Übernachtung in einem Ladeneingang endete zeitig wegen der einsetzenden Reinigungstätigkeiten der öffentlichen Hand.

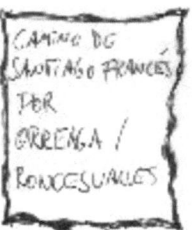

Abb. 81

Abb. 81: Der Weg durch La Rioja nach Navarra: Von Ventosa über Estella bis Puente la Reina – und dort geht es auf den weniger frequentierten Camino Francés über Jaca zum Somport-Pass

Bei schönem Wetter nach Viana, lange Siesta wie oft diese Tage, mit einer Studentin aus München lange vor einem Café gesessen - ich habe ihr die schwere Kniekompresse überlassen, hilft ihr hoffentlich - spät gestartet, und wieder in der Wildnis genächtigt. Diesmal nicht einsam: Oleg aus Polen stellte spät abends sein Zelt auf, wir haben lange geredet, bevor ich auf meinen Tisch gerutscht und er in seinem Zelt verschwunden ist. Ich habe nun einen Schlüssel für seine Wohnung bei Krakau am Stock, er hat meine schwarze Cord-Baskenmütze ...
Los Arcos / Lukin / Estella / Villatuerta und Cirauqui. Baskische Orte, wo abends nachbarschaftlich gemeinsam gegessen wird und gefeiert (in Estella bis frühmorgens Disco- und Folkloreklänge in sehr laut...), und das Leben tagsüber ruhig verläuft. In Estella ist mir erstmals die 2-sprachige Straßennamenbeschilderung aufgefallen - und auch hier in der Bibliothek stehen einige Bücher in baskisch. Keine tote Sprache, wie ich in Enériz hören konnte von Jugendlichen und Kindern... Und wer am 7.8.14 gegen 14.45Uhr mal auf www.Irache.com geschaut hatte, konnte mich am Weinbrunnen sehen. Enériz - Monreal, seit gestern abend Sangüesa. Seit Puente de Reina bin ich nicht mehr auf dem Camino Francés nach Roncesvalles!!! Nur noch wenige Pilger, schmalere Pfade, kaum sichtbar teilweise, Strecken für Abenteurer und Naturliebhaber, Wege durch dünn besiedeltes Gebiet mit kleinen Bauern- und Wohndörfern ohne Bar oder Tienda - ich gehe in mich selbst und lausche... und fange an, die Rückreise zu planen mit meinem Rückholteam in Witzenhausen!

Leider werden vorerst keine Fotos mehr in die dropbox hochgeladen - die Provinzregierung von Navarra blockiert dropbox und z.B. auch facebook.de (ich bin jetzt über facebook.es drin). Zensur - bisher weder in Portugal noch in den anderen spanischen Provinzen Probleme gehabt damit, aber eben hier...

Abb. 82: Der Weg durch Navarra nach Aragón: Von Puente la Reina nach Puente la Reina de Jaca – und kurz dahinter (in Sta. Cilia, nicht aufgeführt) geht es auf den Cami Sant Jaume Richtung Huesca / Monestir de Montserrat

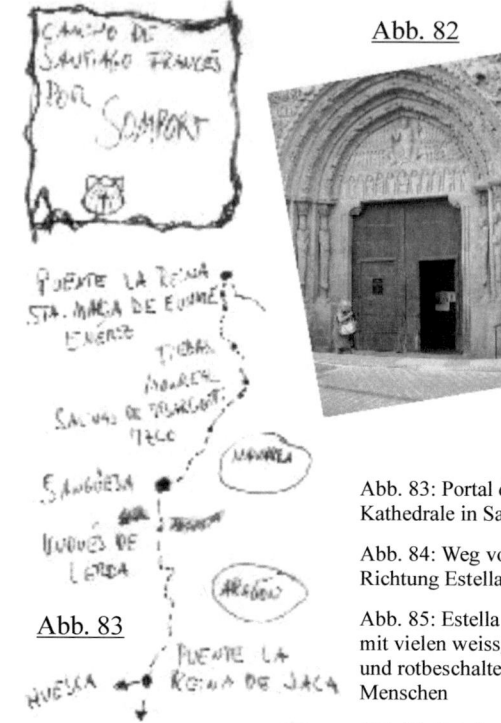

Abb. 82

Abb. 84

Abb. 83

Abb. 83: Portal der Kathedrale in Sangüesa

Abb. 84: Weg von Lukin Richtung Estella

Abb. 85: Estella Marktplatz mit vielen weissgekleideten und rotbeschalten Menschen

Abb 86: Estella – Häuser am Rio Ega

Abb. 86

54

UndjetztbinichinProvinzAragon-jetztkommenFotos... *

Abb. 87

Abb. 87: Impressionen vom Wegabschnitt – Torres del Rio / am Alto de Aibar vor Sangüesa /
Brücke in Villatuerta / Brunnen in Izco / Kirchenportal in Cirauqui (dort gibt es übrigens auch eine
Römerbrückenruine, sehr interessant der Aufbau…) / Los Arcos mit Blick auf die innen sehr schöne
Kirche / Der Weinbrunnen in Irache. etwa 2 oder 3km vor Estella / die Burgruine in Tiebas

* Warum die obige Schreibweise ? Nun, die Tastatur des in Undues de Lerda benutzten
Computers war defekt … Egal – immerhin Internet in einsamster Gegend…

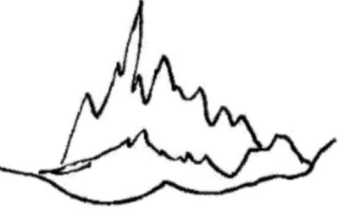

Zeitraum 13.08.2014 bis 23.08.2014

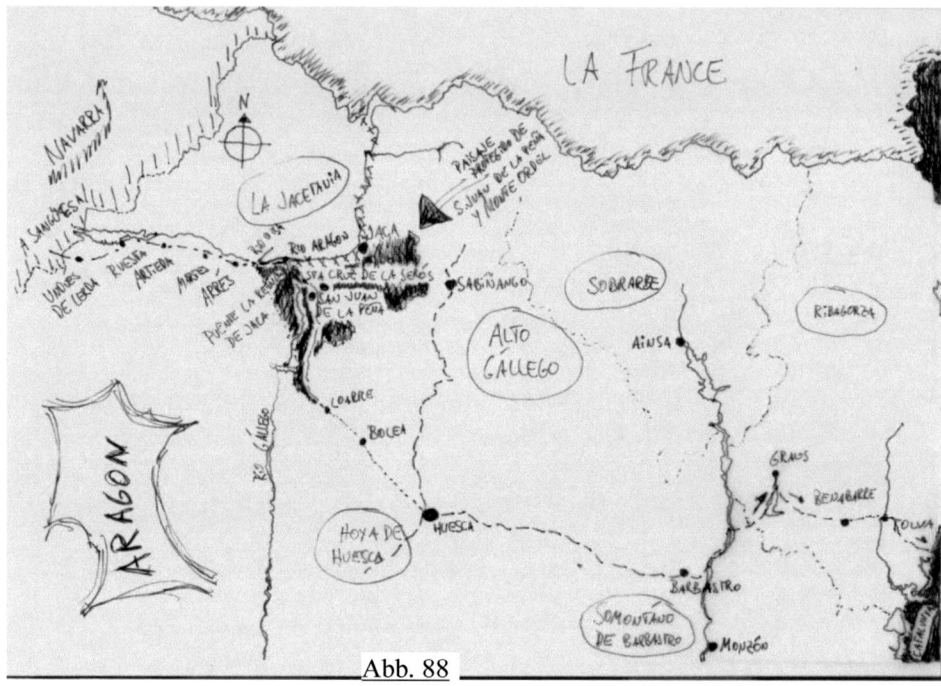

Abb. 88

Abb. 88: Wunderschöne, einsame, karge und hügelige Landschaften, viel Wald und Geisterdörfer. Speziell der hinter Puente la Reina de Jaca, in Santa Cilia de Jaca abgehende Pfad gehörte mit zu den anstrengenden Stücken des Weges, vergleichbar mit O Cebreiro. Wenig begangen – aber das Kloster San Juan de la Peña (besonders das alte) ist einen Besuch wert. Hier gibt es sogar einen Heiligen Gral!!!

Vom kleinstädtischen Sangüesa mit Post, Supermärkten, Bars und auch Gesellschaft (z.B. durch den schönen Abend mit Fußballspiel und gemeinsamem Essen mit einer französischen Pfadfindergruppe) ins Extrem: 3 Einwohner (und 2 Hunde) in Ruesta. Vorbei an einem Geister-Campingplatz (jawohl, da spukt es!), durch Wälder (mehrfach falsch gelaufen) zu dieser einsamen Herberge an uraltem Ort: Die ehemalige Maurenfestung wurde 911 n.Chr. "befreit". Ruinen. -- Artieda, einer dieser Orte mit weniger als 50 Einwohnern: Ausgestattet mit Herberge, Bar, Tienda dank Unterstützung der Provinz Aragón. Eine Nacht in der Wildnis bei Martes - und Puente la Reina de Jaca - endlich wieder Einkaufsmöglichkeiten unbeschränkterer Art - aber immer noch teuer. Die Entscheidung vor dem Schwimmbad von Santa Cilia de Jaca (dieses geführt von einem Bademeister aus England - wegen ihm können viele der Kinder Englisch sprechen - und seiner Lebensgefährtin aus Zimbabwe): Es geht in die feinsten Verästelungen des Weges!! Einsamkeit pur, Begegnungen mit Pilgern tendieren gegen Null bis fünf. Und die Route wird noch schwerer rückverfolgbar; einer GR zu folgen (Sentier de Grande Randonnée auf französisch) ist mit Unwägbarkeiten verbunden - man sollte genug Nahrungsmittel dabei haben: Aus 2km können schnell 5 werden... Highlights am 16.8.: Santa Maria de la Cruz, der Aufstieg zu den Klöstern - und im alten Kloster San Juan de la Peña: Der heilige Gral! Zumindest eine Replik ... Aber der Bau selber, teils sich in einer Steilwand befindend - kunstvolle Ausschmückung - magisch! Zumal die Höhlen ihre eigene, ältere Geschichte haben. Druidisch ... All dies in teils sehr befremdlich und doch ästhetisch wirkender Landschaft: Die Jacetania. Flysch - ein pyrenäentypisches "Gestein", bröselig - grau und sich irgendwie weich anfühlend unter den Sohlen der Sandalen... Meeresboden? Tausend Meter in die Höhe gedrückt? Mit Sandsteindeckung, und dann gefaltet? Sandstein abgetragen, abgerutscht - den Flysch der Erosion überlassend. Wellen - wittrig - schichtig - anmutig... Dank erwähnter Wegmarkierung und vielen Kilometern bin ich an diesem Tag erst zum Dunkelwerden in Ena angekommen, ein weiterer kleiner Flecken mit < 50 EW, an dem ich lediglich einen ruhigen Platz zum Niederlegen finden wollte. Stattdessen Super-Stars (eine Dorfausscheidung), eine professionelle Flamenco-Sängerin und ein gerammelt volles Festzelt mit baskenlandtypischem gemeinsamem Mahl. Von Jorge und Nicolas unter die Fittiche genommen, wurde es spät - sehr spät, bis für mich eine Dusche und ein Bett in der Donativo-Herberge das Ende des langen Tages bedeutete.
Am 17.8. ein weiterer Höhepunkt, im wahrsten Sinne des Wortes: Übernachtung auf über 1000m Höhe, am Torre de Marcuello, traumhafte Bilder vom Sonnenuntergang über Hügelketten, weiten Ebenen, Milchstrasse und Energieflüsse, Geierfelsen (Geier habe ich erst am nächsten Morgen nicht über mir kreisen, aber doch wenigstens segeln gesehen) - möglich durch die Wasserspende eines Franzosen, der schon seit 17 Jahren immer wieder an diesen Ort kommt. Ach, und die Felsenbastion über Sta. Maria de Peña nicht zu vergessen! Landschaft! Hundert Meter unter mir der Fluss, 100m über mir die Felsspitzen. Steil, markant - und dank meines Schulungswissens erworben im neuen Kloster von San Juan de la Peña die Biegung sehend - die Urkraft der Erde. Wie Skelettknochen/ Rippenbögen eines Riesentieres stechen diese Pfeiler in die Höhe, steiler Rand einer Schüssel, durchbrochen vom Fluss Gallego ...

Viel mehr wäre zu erzählen, von Quellen, Fuentes und bröckligen alten Dörfern, von Waldkühen und selbstherrlichen Gasthaus-Betreiberinnen und netten alten Damen - aber ich schließe diesen Wochenbericht hier vor der Kathedrale von Huesca mit der Nachricht: **Mein Rückflug steht!** Von Girona nach Bremen am 10.9. - muss ich nur noch hinkommen. Wie, kann ich heute noch nicht entscheiden, zu belebt der Platz, zu schluchzend der Gitarre spielende Sänger, zu weit weg noch Girona…

57

Und neue Fotos in der dropbox - unsortiert und unbenannt, wie immer --- das kommt alles später …

Abb. 89: Dünn besiedeltes Land – Impressionen aus Arágon. Von oben: Blick auf Undues de Lerda / Landschaft der Jacetania – grauer Steinschutt in anmutigsten Formen / mein Pilgerstab am Übernachtungsplatz in der Ebene vor Martes / ein ehrfurchtgebietender Steinhaufenwald zwischen Puente la Reina de Jaca und Sta. Cilia / Der Hl. Gral im alten Kloster San Juan de la Peña / Ameise – groß und in tausenden in meinem Gepäck am Morgen / der Turm in Ruesta / Ruesta vor dem Aufstieg von Westen aus / das Waschhaus in Undues de Lerda – mit Blick nach Osten…

Abb. 89

Abb. 90

Abb. 90: So schöne Eindrücke in diesem zu Recht geschützten Gebiet der Peña und des Monte Ordel! Aussicht von weit über 1000m Höhe Richtung Süden / Aufstieg nach San Juan / Waldkuh vor Ena / Wildnis auf dem Weg nach Ena / Aussicht vom Gelände des Torre Marcuello / Torre Marcuello – ein Übernachtungsplatz mit Höhenluft und Aussicht. Sarsamarcuello ist vom Torre noch etwa 4km entfernt und liegt deutlich tiefer…

59

Abb. 91: In der alten Monasterio von San Juan de la Peña

Abb. 92: Spinne im tauglänzenden Morgenlicht hinter Bolea

Abb. 93: Auf dem höchsten Punkt zwischen Undues de Lerda und dem Stausee, dem Embalse de Yesa

Abb. 91

Abb. 92

Abb. 93

Abb. 95

Abb. 94

Abb. 96

Abb. 94: Nebliger Sonnenaufgang östlich von Bolea
Abb. 95: Eine der zahlreichen passierten Römerstrassen
Abb. 96: Huesca – Ein Einwohner der Stadt und der Autor vor dem Portal der Kathedrale

Die Woche der Abweichung vom Camino Sant Jaume, eine exotische, schwindelerregende, hochfliegende Woche mit einem hochlebensgefährlichen Tag und eine Sackgasse. Das ist die Megakurzzusammenfassung. Kurz: Die Abweichung vom Weg war nur möglich mit Bus- und Zugfahrten! Zu gefährlich die Straßen, durch lange Tunnel, mit schmalem Randstreifen, vielen Autos und Lkws. Bus Huesca - Barbastro 4,30Eur: Barbastro, eine alte Maurenstadt, rückerobert 1088 - wie viele Städte hier am Pyrenäenrand mit einer solchen Geschichte. Reich geworden durch Wein - nicht der Massenwein des Rioja, sondern kleinflächige Hanglagen. Eine Kathedrale, die ich nicht von innen gesehen habe - in dieser Woche immer wieder der Zweifel: Bin ich noch auf Pilgergang oder nur auf der Rückreise...

Abb. 97

Abb. 97: Ein Haus mit einem doppelstöckigen Arkadengang in Barbastro, der Stadt des edlen Somontano – Weins! Frankreich ist nicht mehr fern – viele Franzosen decken sich hier mit diesen Spezialitäten ein… / Benabarre, die Calle Mayor. Teils überdeckt mit Überbauung – kein Durchkommen für LKW`s! Die Nationalstrasse führt aber um den Ort herum… / Benabarre – ein Kino. Dieser kleine Ort hat seinen Reiz! Und der Name des Kinos – Cine Ribagorçana – deutet auf die Region hin: Das Ribagorza – wie der Fluss, der die Grenze zu Katalonien bildet – wo die Welt aufhört…

Bus Barbastro- Graus, Graus- Benabarre (5,05Eur) - zweiter Bus mit einer Schweizerin, seit 15 Jahren in Spanien, seit 5 Jahren im Busverkehr, besetzt. Benabarre - ein "kleineres" Dorf, vielleicht 400 Einwohner, aber mit verwinkelten Gassen, teils überdeckt mit Bebauung (auch die Calle Mayor, die Hauptstraße) - gleich in einen Volkstanznachmittag hineingeraten, mitgefeiert und am Castillo, der Burg, übernachtet - wo mich morgens um 6 ein paar Regentropfen aus dem Schlaf gerissen haben. Dank den Prospekten der Tourist-Info, ja, die gibt es da, und der Hilfe eines Einheimischen, der mir den Startpunkt zeigte und den Weg ausführlich beschrieb - 1 Stunde hoch, links, links, dann Beschilderung - bin ich nach Montfalco gelangt - dem Ende der Welt, wenn es nach den Aragonesen ginge: Das Land im Osten - Katalonien - nur sehr dürftig dargestellt.
Montfalco: 13 Euro für eine Übernachtung im Mehrbettzimmer - aber auf den letzten 2km bis dahin hatte mich ein Gewitterschauer total durchnässt- doch nur mich, sondern auch meine Ausrüstung incl. aller Papiere und den elektrischen Gegenständen. Wie schnell aus einem trockenen Graben ein reißender, schlammiger Bach wird! Der Boden und die Vegetation halten nicht viel Wasser zurück... Aber Chavi, der Koch, und zwei Gäste aus Barcelona hatten ihr Herz offen für mich: Die abendliche und morgendliche Verpflegung ging auf sie- und die kalte Suppe von Chavi, ein Gedicht! Ich hätte nach dem Rezept fragen sollen. Übrigens, immer alles ganz Tranquilo* - "Vale*" und "Venga*", 2 Worte, die man hier wieder und wieder hört....

Übersetzungen: tranquilo – langsam / gemächlich bitte ; Vale – O.K. ; Venga – kommt, machen wir mal…

Abb. 98: Busfahrt nach Graus – hier wäre ich nicht froh geworden zu Fuß! / Sturzregen in Montfalco / Estall – ein verlassenes Dorf, was einer ganzen Region seinen Namen gibt / in Estall – die Vegetation schluckt alles – hier gibt es Brombeeren… / Malerei in der fast eingestürzten Kirche von Estall / ein Nashornkäfer in Benabarre (leider tot) / Tanzfest in Benabarre – Animation für die Kleinen und Wachhalten des traditionellen Tanzes

Zu den Steigen nach Mascarlets, zum Congost de Montrebei und wieder zurück sage ich erstmal nichts - unbeschreiblich mit wenigen Worten! (Parallel dürften ca. 200 Fotos ins Netz kommen- im ersten Teil mich und die aus Barcelona zeigend, mit denen ich vom Anfang der ersten Escale (Treppe) bis zum Scheidepunkt am Wanderweg GR 1 zusammengeklettert bin - und für diejenigen, die nicht in der dropbox angemeldet sind - einfach mal Youtube nach Congost de Montrebei fragen...)

Siegué - Aragón

Congost del

Abb. 99 /
Abb.100

Abb. 99: Der Weg von Montfalco führte erst steil bergab durch einen Wald (Naturlehrpfad) …

Abb.100: …dann über schwindel-erregende, enge Treppenanlagen (escales) und eine Felsrinne hinab zur Brücke …

Abb.101

a-c):

Brücke (oben)

Auf der Brücke (links)

Schon in Katalonien (rechts) – Verbindung von Brücke zum Congost de Mont Rebei…

Abb.101
a, b , c

Mascarlets - in der Kathedrale der Natur - der gefühlte Abschluss meiner Reise, dann den GR 1 nach Corça, nach Ager - ein absolut besuchenswerter Ort, labyrinthartig verschachtelt mit überbauten Straßen - Eroberer dürften einen Sieg dort nur schwer erringen können - und dann nochmal 300 Höhenmeter und 3km weiter - und in der Abenddämmerung weitere 4,5km bis zur Ermita Sant Jaume de Cas.

Congost de Mont Rebei

Abb.102

Abb.103

Abb.103: von unten rechts nach oben links – Mas de Carlets, ein Refugi, eine Notunterkunft für Wanderer, gehalten von einer Gruppe aus Deutschland. Hilfe wird hier gerne angenommen: Baumaterial hierhin zu transportieren, ist gar nicht so einfach… / Die Wasserversorgung war defekt – deshalb ein Gang durch den Congost zum Parkplatz Nordseite: Dort dieser Stand: Eine Dose Getränk = 2 EUR, kein Wasser… / Mas de Carlets vom Weg nach Corça aus gesehen / Die Bank, auf der ich geschlafen habe – freier, unverstrahlter Sternenhimmel! / Weg nach Corça: Mas Mauri, ein aufgegebenes Dorf / Aussicht auf den Pantà de Canelles

CONGOST DE MONT REBEI /
CONGOST DEL S.EGUE

Abb.104

Abb.104: Der Flusslauf des la Noguera Ribagorçana – ein Werkzeug über gefühlte Ewigkeiten zum Schaffen dieser alle menschlichen Bauwerke in den Schatten stellenden Kathedrale der Natur. Eine vertikale Welt – so der katalonische Prospekt – in dem dann alles, was westlich des Grenzflusses liegt, entweder nicht oder nur sehr dünn eingezeichnet ist und katalanische Namen trägt. So heisst der Congost del Siegué plötzlich Congost del Seguer und Benabarre heisst Benavarri… Obige Skizze ist ein Versuch zur Darstellung der gefühlt vorhandenen Pfeiler, die den Himmel tragen.

Eine unruhige Nacht an der Ermita, mit Wildschweinrudeln in unmittelbarer Nähe - Quieken und Grunzen, Scharren, Schnaufen und Knurren abends und auch morgens kurz vor Sonnenaufgang. Friedfertig, noch kein Nachwuchs. Falling Stars - einer war für Dich, mein Sohn. Cornelius - ich vermisse Dich...
Und in übernächtigtem Zustand habe ich versucht, einen Weg nach Süden zu finden - Richtung Balaguer. 4km bis zum nächsten Ort, Sta. Linya, ein Dorf, was ich nie zu sehen bekommen werde. Ja, einen Weg nach Süden habe ich gesehen, eigentlich zum Greifen nah- aber das unbebaute Land zwischen den Feldern - Sierravegetation pur - hätte mir Warnung sein sollen: Nach Stunden Kampf mit dem Dickicht, hinab über steile Abhänge, ein Flusstal - tief eingeschnitten, unüberwindbar. Zurück bei steigender Sonne, eine volle Wasserflasche verloren ... Ich bin wieder rausgekommen, im Osten, an einer Eisenbahnlinie, hinter der verlockend Wasser blinkte - nur 50m Luftlinie, aber nicht erreichbar... Spät am Abend - ein Fluss, die steile Böschung hinab - Wasser!!! Und früh am Morgen über einen versteckten Pfad wieder hoch, durch mehrere Tunnel, ein Bahnhof! Bahnhof Ager, was Ironie! 6km Luftlinie - 1,5 Tage!
Es hat dort ein Holländer gewartet auf den einen Zug nordwärts täglich - zum Verpflegung fassen wollte er bis zur Endstation mitfahren. Von ihm der Hinweis: Die Feigen an der Bahnstrecke sind reif! Danke!

Abb.105

Abb.105: Diese Pfütze hat mein Leben gerettet! Trotz des Pantà de Camarasa, dem Stausee vor Augen, nur 300m Luftlinie entfernt, habe ich mich auf dieses Wasser gestürzt, eine halbe Stunde Flasche um Flasche geschöpft und getrunken – schlammiges Wasser, was schmeckte wie Gold mit Sesam (komisches Bild) – Danke Gott und allen Engeln, Danke S. Tiago, Danke, Energien – Danke, Zizi, für eine SMS, die mich doch noch zu einer weiteren Anstrengung motiviert hat! Ich hätte tot sein können!

67

Jetzt bin ich in Tremp, bin mitgefahren mit dem einen Zug nach Norden pro Tag. Und warte auf den Zug nach Süden (Busse haben mich nicht mitgenommen: Stock zu lang!), der heute, am 28., um 13.11Uhr nach Balaguer fährt. Tren des Llacs, für Eisenbahn-liebhaber ein Muss! Durch schwer begehbares Hochgebirge in einen Talkessel, eine Concha, eine Senke aus Vorpyrenäenzeiten, mit Saurierspuren - aber auch mit welchen aus der Steinzeit. Hochinteressant, für später vorgemerkt - jedoch nicht für mich: Ich will nur noch zurück wieder auf markierte Wege - genug der Abenteuer! Ich bin heimatreif!!!

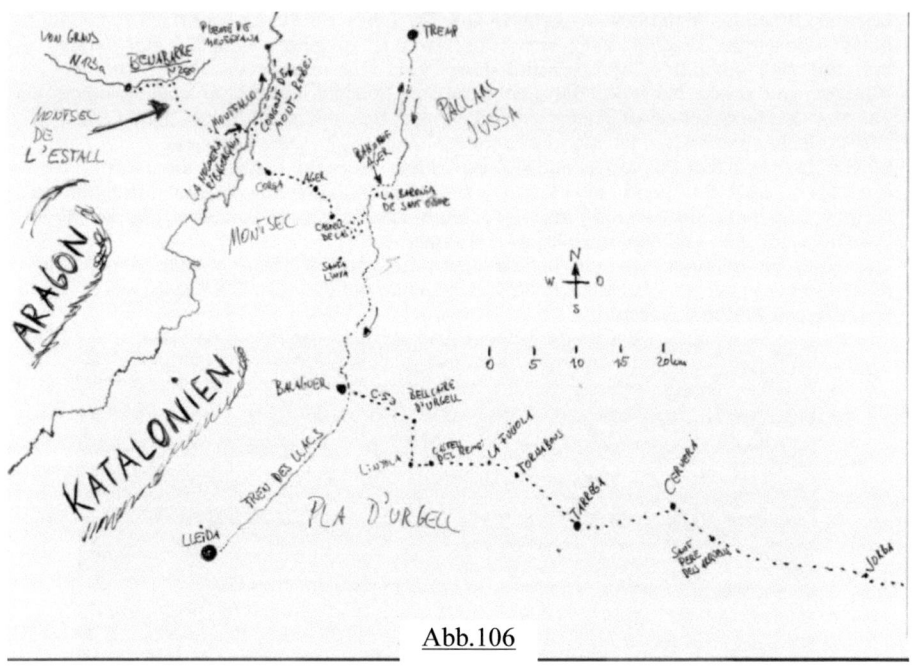

Abb.106

Abb.106: Der Weg bis Jorba, fast bis Igualada – das lebensgefährliche Stück der Sierra de Montsec – so klein, so unbedeutend – könnte man meinen… Zeitraum vom 21.08.2014 bis zum 01.09.2014.

P.S.: Selbst hier in Tremp, weitab vom Jakobsweg, gibt es eine Puente Sant Jaume. Versehentlich, nach Kirchenbesuch, hatte ich meine Muschel sichtbar getragen, wollte einen Apfel kaufen. Geschenkt! Danke!!

Jetzt kommen Fotos – nur noch eine Tagesreise nach Montserrat - aber wann ich diese Reise unternehme ist noch offen... Western Union Probleme... Kein Geld...

Abb.107

Abb.107: Zurück in der „Zivilisation" – Balaguer Marktplatz / die Muralles von Balaguer – Mauern sus der arabischen Epoche der Stadt, zugänglich gemacht für Touristen (es ist nicht empfehlenswert, diese Mauern in der Mittagshitze zu besteigen...) / eine Gottesanbeterin in Tremp – sie saß dort am Bahnhof an einem Pfosten der Sitzplatzüberdachung neben meinem Stab – am frühen Morgen / die Rolltreppenanlagen der Carrer de Sant Magi in Igualada

Immer noch kein Geld - aber das macht mir nichts mehr - morgen starte ich durch! Restliche Fotos kommen gerade...

Und Girona !! Aber ich möchte den Wochenberichten nicht vorgreifen... morgen!!!

69

Abb.108

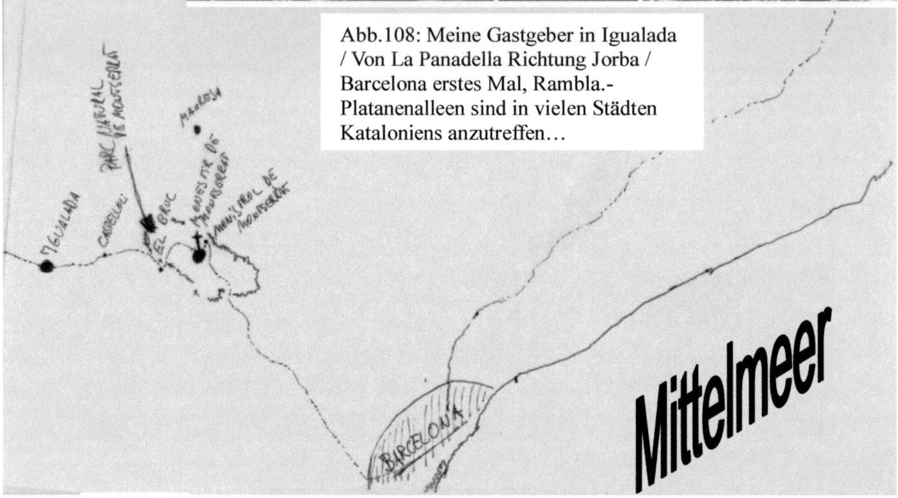

Abb.108: Meine Gastgeber in Igualada / Von La Panadella Richtung Jorba / Barcelona erstes Mal, Rambla.- Platanenalleen sind in vielen Städten Kataloniens anzutreffen…

Mittelmeer

Abb.109

Abb.109:

Plan der letzten Etappe – nach Montserrat, welches ich am 06.09. verlassen habe. Die Strecke nach Barcelona war per Zug schnell zurückgelegt – und am Abend des Tages traf ich mein Rückholteam…

Abb.110: Aguelarre in Cervera – meine Feuertaufe und letzte Prüfung – ich bin durch den Funkenregen gegangen…

Abb.110

70

Die letzte Etappe: Per Zug von Tremp aus durch die Berge nach Balaguer - wieder eine Stadt mit maurischer Geschichte, mit imposanten Mauern auf den letzten Hügeln vor der Ebene, die vom Canal d' Urgell eingegrenzt wird. Erfahrungen im Containertauchen in Spanien, Begegnungen und dann auch eine Wanderung zu zweit von Balaguer nach Bellclaire d' Urgell, freundliche Menschen überall, mal ein Frühstück, mal ein Bier - warum nur hatte ich Balaguer als unsicher eingestuft für mich? Wohl der Jetlag der Zugfahrt ...
Alleine weiter nach Linyola - und dann in das Obstbaugebiet der Ebene: Von Trauben am Castell del Remei über Äpfel, Birnen, Feigen ab etwa La Fuliola (wo es eine richtig schöne Bar an einem antiken Portal gibt), Quitten und auch einige Exoten wie Granatäpfel als Süßfrüchte; Walnussplantagen, Mandeln und Oliven in den höheren Lagen vor Tàrrega. Immer wieder unterbrochen von Flächen mit Mais, Futterbaupflanzen und Schweineställen. Der hohe Anteil an Afrikanern in den Dorf- und Stadtbildern wurde für mich hier erklärbar: Erntehelfer auf den Plantagen! Äpfel pflücken zu siebt auf einem Traktor mit spinnenbeinartig ausgefahrenen Seitensitzen, große Holzkisten füllen - Lager- und Weiterverarbeitungshallen noch in der Ebene. Tàrrega dann wieder ganz anders - hier die Fahnen des stolzen Kataloniens wehend im leichten Rückenwind, der mich immer noch unterstützt, über Burgruinen auf Hügelkuppen. Vielgestaltig der Weg - bis Linyola auf der Straße hätte ich das nicht gedacht, habe mich nach der Bergwelt sogar vor der Ebene gegruselt - eine weite flache Gegend, vom Zug aus und von der Muralla in Balaguer bis zum Horizont und darüber hinaus sich unendlich erstreckend, nur gestaltet von Industrieschornsteinen und Gewerbebauten...
Tàrrega Karmische Voraussage - denn obwohl die Geldbörse letztendlich wieder auftauchte, sollte der zweite Teil der Woche sich im Zeichen einer Lektion in Materialismus abspielen...
Aber zuerst ging der August mit Feuer und Teufeln, viel Knall, Feuerwerk und Musik bis 6 Uhr morgens in den Endspurt. Aguelarre in Cervera - Drachenflug und Feuertaufe, Menschenmassen und Bier (span. Cervesa), verrammelten Scheiben mit allerlei Hexen und magischen Formeln / Symbolen - und ich als Pilger mittendrin - mit Hut und meiner Brille mäßig geschützt vor dem Feuerregen von 200 Teufeln, Tänzern, Trommlern - kein Schlaf in Cervera, müde nach La Panadella, einer Raststätte an der Autobahn - und nur geschafft, weil mich zwei mitgenommen haben von einem Ort zu einem weiteren, 3km entfernten- und an dieser Raststätte endete für mich der August, auf einer Bank neben dem LKW-Rastplatz …

Abb.111:

La Panadella – ein Rastplatz in der Nähe der Autobahn – eine Station des Cami de Sant Jaume – wie der Weg in Katalonien heisst…

Abb.111

Plötzlich ohne Geld! Keinen müden Cent mehr in der Tasche! Diese traumatische Erfahrung, die mir das schöne Tàrrega vermiest hat - ich konnte in meinen Lebensmittelbeutel schauen und mir ausrechnen: Noch eine knappe Mahlzeit mit etwas Brot und einer 80-gr-Dose Fisch - und dann? Es bedurfte dieser Vorbereitung und der positiven Erfahrung mit einer offenherzigen Frau, die mir Brot, Käse und Früchte gab, 7km bevor meine Geldbörse hinter mir auf die Straße fiel. Maria, gepilgert auf dem Camino von Paris nach Santiago, 19 Tage Rad - Dank an Dich und einen Gruß an Leo, Deinen Sohn, nach El Taradell !!

Ein Run nach Geld, ab Montag für mich bereit über Western Union - wo ist die nächste Correos, die Post! Und so bin ich dem Geld nachgelaufen, über Jorba nach Igualada, einer Stadt, die immer noch nach dem stinkt, was sie damals wohlhabend gemacht hat: Leder. Und am Morgen des 2.09., Dienstags, stand ich vor der einzigen Poststelle der 30.000-Einwohner-Stadt, wie vor den Kopf geschlagen: Western Union verweigerte mir die Auszahlung!!! KEIN Urlaubsgeld, kein Leben in den letzten Tage - Nein!! Gut, das ich Hilfe hatte in dem Kampf der folgenden Tage: Joseph und Cristina, die mich aufgenommen hatten und mir 20 Euro vorstreckten, obwohl sie selber nichts haben - Igualada ist die Stadt mit der höchsten Arbeitslosenquote Kataloniens -, ein pakistanischer WU-Agent, ein polnischer Priester nach einer erfolglosen Zugfahrt zur "WU-Zentrale" (die sich als größere Wechselstube entpuppte) nach Barcelona und zurück, die Postangestellten von Igualada, die spontan 30 Euro spendeten ... DANKE !!! Mithilfe vieler Leute in dieser Welt und einem Ring tapferer Kämpfer in anderen Welten liegt das Geld nun an der Leine, die Angst ist besiegt, Vertrauen und ein leichtes Lächeln begleiteten mich auf dem letzten nassen und harten Weg über den Camino und die GR172 in 700-940m Höhe nach Montserrat. Herz, die Hilfsbereitschaft der Menschen, hat über Mammon, die Gier nach Mehr, gesiegt - der Weg ist frei für eine friedliche Koexistenz der beiden Kräfte - ich bin im Vertrauen auf Hilfe durch die "Himmlischen Heerscharen" und weiß um das GOLDENE in JEDEM Menschen. Danke für diese Lektion!!

Und hier und heute, am 06.09.2014, betrachte ich meine Pilgerfahrt als beendet. Abgeschlossen mit einem Besuch bei der schwarzen Madonna von Montserrat, einem Laudes der Mönche morgens - jetzt geht es hinab durch die Wolkendecke, die Nebel von Avalon... Nach Barcelona!!!

Abb.112:

Der Innenhof der Basilika von Montserrat – mit magischen Zeichen am Boden – Energie …

Abb.113:

Das Eingangsportal der Basilika von Montserrat – ich bin froh, noch zu diesem Ort gelangt zu sein! Nach S. Domingo bei São Luis, Fatima, Rates, Santiago de Compostela, Cabo Finisterre, O Cebreiro und San Juan de la Peña (und einigen weiteren) ein echter Höhepunkt und ein würdiger Abschluß der Pilgerreise!!!!......

Abb.112   Abb.113   72

Abb.114

Abb.114: … würdig allein schon wegen der Lage in diesem Gebiet! Man soll sich etwas wünschen und anderen, wenn man dieses aussergewöhnliche Gebirge zum ersten Mal sieht! Von links oben nach rechts unten: Ein Felsen wie ein Katzenkopf, Montserrat von oben (noch 400 Stufen herabzusteigen) / mein Übernachtungsplatz mit notdürftigem Schutz vor dem veränderlichen Wetter dieses Massivs / mein letzter Steinhaufen: Darunter mein lange mitgeschleppter Zehennagel… / Drei weitere Vormittagsbilder in den Höhen zwischen 700 und 940m auf der GR172 – ein schöner und sehr anstrengender Weg zum Schluß…

Teil G : Spanien – Montserrat und Ende (?)

Wochenbericht 25 – EPILOG – 06.09. bis 13.09.2014

Ankunft ! Bahnfahrt Montserrat – Barcelona, der U-Bahnhof am Placa de España, ein riesengroßer Platz, viele Ampeln, Menschen, Busse, Autos, Häuser, Straßen, große Gebäude, ein Weg über die Tourist Information am Platz zur Estació Sants. Weiter über die Carrer de Provença zur Gaudi-Kathedrale. Und von dort zum Meer. Einen weiteren Salzwassertest mit Stab, Händen, Füßen – warm und vermüllt mit Plastiktüten, laut und bevölkert - so ganz anders als die frischen Fluten des Atlantik mit langen, leeren, einsamen Stränden auf der Westseite der Iberischen Halbinsel. Und dann eine SMS: Mein Abholteam ist in Barcelona! Treffen einen Tag früher als geplant, abends um 20.40Uhr auf dem Plaça de Catalunya. Angedockt, Willkommen, Deutsche Sprache.

Abholteam – Christiane – erster Eindruck von Fred – 06.09.2014

„Optisch: Als erstes stach mir der imposante Pilgerstab ins Auge, der mich ein bisschen an den „Weihnachtsmann" erinnerte ☺ - daneben ein abgemagerter Fred. Von der Sonne gezeichnet – superbraune Lederhaut, Vollbart und gekräuselte Haare. Die Kleidung verdreckt und kaputt – Fred sah aus wie ein Obdachloser.

Wir bleiben angewurzelt stehen und lassen den Moment auf uns wirken. Voll Freude „pirschten" wir uns an – Dauergrinsen und eine gewisse Verlorenheit umgaben seine „Aura". Ich schlich mich von hinten an und sang leise „When I feel the spirit moving...", unser Lied. Wir können uns nicht mehr zurückhalten!

Herzliche Umarmungen folgten ... die Luft war heiß und schwül .... Fred war irgendwie naß ....- geschwitzt??? .... Ohje .... – und dann dieser bissige Geruch eines halben Jahrs Pilgerns ....

Zwei Welten trafen aufeinander – Fred umgab irgend etwas mysteriöses – seine Aura wollte nicht zu meiner passen oder umgekehrt – „I don`t know !?"

Dieses merkwürdige Gefühl umgab mich mehrere Tage – ich konnte direkte Nähe nicht wirklich ertragen, obwohl Fred einen Platz in meinem Herzen hat...."

Eine letzte Nacht draußen, Parkbank. Bier- und Boccate- Verkäufer pakistanischer Herkunft schlagen sich die Nacht um die Ohren – die Dosen verschwinden schnell im Gebüsch, wenn die Polizeistreife vorbeifährt. Am nächsten Morgen – ich muss wohl 3 Stunden geschlafen haben, steht ein Frühstück auf meiner Bank – Sandwiches, 1 Apfel, Wasser, 1 Joghurt mit Plastiklöffel– und es fällt Geld aus meinem Schuh. 3 Euro– Danke!

Einen weiteren Tag Barcelona gönnen wir uns noch. Ich setze mich einfach gegenüber der Kathedrale in den Schneidersitz, neben Kastagnetten- und Fächerverkäufer, und stelle eine Pappschachtel vor mich hin >> Donativo – not for me, I will give it to people, who really need <<, denke dabei an Gestalten in Haus- und Ladeneingängen der Carrer de Provença, an die Bettler um die Cafés der Rambla de Catalunya... Es kommen 5,40 Euro zusammen, ein kleiner Anfang, aber im Laufe des Nachmittags getreulich weiter verteilt. Und abends schenkt mir ein Australier 60 Euro – Danke!

Zusammen nach Girona, schnuckeliges kleines Städtchen mit begehbarer Stadtmauer und engen Gassen in der Altstadt; erstmals wieder Graubrot in Figueres, Besuch des Dali-Museums, wieder Girona und ab in den Flieger nach Deutschland. Das waren 3 Nächte im Hostal in Girona, wieder vorzeigbar, gereinigt, Wäsche gewaschen, Schlafsack entsorgt. Resozialisiert ... Flugtauglich.

Ryan-Air, Bremen. Kalt und grau, weniger Licht, Heimfahrt nach Witzenhausen. Ankommen!! Am 10.9. um 18.30Uhr – und noch bin **ICH** nicht wirklich da. Mein Zimmer noch nicht eingerichtet, mit Veränderungen umgehen müssend. Beziehungen / Beziehungswechsel ausloten und erneuern. Ankommen im Herbst ! Und im Wust von Papieren, Rechnungen, Mahnungen, Behörden und Ämtern.

Es führt kein Weg zurück. Wenn man zurückkommt, ist vieles anders, vieles neu – ein neuer und spannender Weg liegt vor mir, und so langsam fange ich an, mich über diese neue Herausforderung zu freuen.

Auf, zu neuen Ufern !

Abb.115

Abb.115: Eindrücke aus Barcelona – Placa espanya / Gaudi Kathedrale (Sagrada Família) / Türme dieser Kathedrale (Ausschnitt) / Strandpromenade / Strasse zum Meer / Placa Catalunya – mein Stab und mein Gepäck in der Mitte...

75

Erläuterungen / Richtigstellungen

Im Nachgang weiß man manchmal mehr als während einer Reise, abgeschnitten von Informationsquellen wie z.B. dem Internet und eingeschränkt durch Sprach- und Verständigungsschwierigkeiten:

Die Legende der Hl. Margaretha geht etwas anders. Nicht sie hat sich in einen Drachen verwandelt, sondern der Satan entfloh in Gestalt eines Drachen – Margaretha hingegen wurde weiter gefoltert, fand Heilung und Trost im Gebet, blieb standhaft im Glauben und wurde letztlich enthauptet. Viele vom Volk folgten ihr nach. Sie gehört zu den 14 heiligen Nothelfern und ist besonders der Schutzpatron von Frauen in Geburtsnöten... Feiertag ist der 20.Juli – die Feier in Redondela wurde ebenfalls zu ihren Ehren abgehalten.

Quelle:
www.heiligenlegenden.de/monate/juli/20/margaretha/home.html ,
aufgerufen am 12.11.2014

Der Baixo Alentejo ist eine der 11 Kontinental-Provinzen, die so von 1936 bis 1976 bestanden. Noch heute wird diese Provinz umgangssprachlich gelegentlich so genannt, - die heutige Aufteilung spricht aber von den Distrikten Beja und Setúbal, wobei letzterer auch Teile der ehemaligen Provinz Estremadura in sich vereinigt...

Quelle:
de.wikipedia.org/wiki/Verwaltungsgliederung_Portugals ,
aufgerufen am 12.11.2014

Für Benachrichtigung bei weiteren Ungenauigkeiten wäre ich dankbar – ich weise nochmals darauf hin, dass es sich bei diesem Werk um eine Sammlung subjektiv empfundener Eindrücke handelt und keinen Reiseführer im klassischen Sinne darstellt. Kontaktdaten sind auf Seite 78 zu finden.

Ich sage nur „Danke"! Danke allen Mächten für Unterstützung jeglicher Art auf dem Weg! Danke allen, die durch Wort und Tat und Anwesenheit während der Wanderung zum Gelingen und zur Vollendung beigetragen haben! Dank an meine Familie für Zuspruch, Poste restante Sendungen und monetäre Zuwendungen – manchmal ist Geld eben hilfreich… Dank an viele Freunde aus Witzenhausen, für Wiederaufnahme und Zuspruch! Namentlich erwähnen möchte ich mein Team – Saskia und Christiane (Rückreise), Susanne (Pressearbeit), Vera (Finanzen und Post), Johanna und Peter (WG-Angelegenheiten und Telefonguthaben), meine Schwester Nadja, meinen Bruder Oliver, meine Eltern Mohammed und Karen – ohne Euch wäre mir eine Rückreise deutlich schwerer möglich gewesen! Dank an Cornelius, meinen Sohn und Daniela und Dirk für die Freiheit und das gute Gefühl und die virtuelle Unterstützung! Und dann sind da noch viele, die mir wertvolle / unverzichtbare Gegenstände gefertigt/ geschenkt hatten: Vera und Jonas (Pilgerstab und eine Einkaufstour in Kassel), Kathi und Fifi (je eine Mütze), Nadja (eine Rettungsdecke, auf die sie bestanden hatte – ohne diese wäre ich manchmal naß geworden nachts…) und viele andere! Für Geschenke und Karten zum Geburtstag in Porto sage ich Danke an Mitglieder meines Chores agospella in Witzenhausen, für eine starke geistige Unterstützung und Führung und sachliche und geldliche Hilfeleistung geht ein großer Dank nach Portugal, zu Zizi.

Bei der Endbearbeitung und in der Formatierung ging es nicht ohne Anna – einen Herzlichen Dank an Dich! Und ein grafisches Highlight aus Astorga (Abb. Unten) verlangt ebenfalls nach einer namentlichen Erwähnung: Lise aus Kolding, Dänemark: Danke!! Ich habe Dich nicht vergessen und werde Dir schreiben – wie vielen anderen auch!!!

Und ein riesengrosses Dankeschön an alle Personen auf dem Weg – Lebensretter/ Versorger/ Spender/ Gesprächspartner/ Freunde/ die, die mit mir gereist sind mit ihren am Stab fixierten Seelenanteilen/ die mir Kraft gegeben haben und mir das Gefühl der Einsamkeit und Verlorenheit genommen haben…

Abb.116: Diese Zeichnung entstand am 16.07.2014 in einem Café in Astorga – das Original ist heil in Deutschland angekommen – die Künstlerin heisst Lise M. Segesen und kommt aus Dänemark – viel Glück Dir, mir entgegenkommende Pilgerin auf den Wegen des Hl. Jakobus!! Mögest Du Santiago erreicht haben und mögest Du das gefunden haben, was Dir im weiteren Leben helfen wird….

DANKE !!

Abb.116

Anhang

Hier im Anhang ist ein Abbildungsverzeichnis zu finden, und ferner möchte ich dem Leser die Möglichkeit geben, mich für Fragen / Rückfragen / Anmerkungen etc. zu kontaktieren.

Gerne stelle ich das Buch auch vor (über ein Honorar müssten wir dann aber reden) – die Abbildungen sind oft auch in farbig / größerformatig verfügbar und können im Rahmen einer kommentierten Präsentation auch gezeigt werden.

Kontakt bitte entweder postalisch an:

Linden-WG, z.Hd. Fred El-Fayoumy, Lindenstr. 7, 37214 Witzenhausen – Deutschland

oder per mail an:

buecherwurm0168@gmx.de

oder über facebook – Name: Weisser Turm. Dort gibt es auch die Hinweise auf den Bearbeitungsstand des Hauptwerks und weiterer Bücher von mir – angedacht ist die Veröffentlichung des Vorgängers – die Wanderung durch Deutschland und Frankreich in 2010 bis vor die Pyrenäen und auch die Veröffentlichung der reich illustrierten Geschichten vom Stock…

Abb.117: …Irgendwo ein weißer Turm - Scan eigene Skizze…

Abbildungsverzeichnis

81

Nr.	Kurze Beschreibung der Abbildung	Seite

Abbildungen des vorderen Covers ohne Abbildungsnummer – Malerei in der Kirchenruine von Estella / Scan meines Pilgerausweises / Foto meines Pilgerstabes / romanisches Kirchenportal / Keramik-Jakobsmuschel-Wegweiser / Schild am Alto de Aibar Richtung Monreal / Turmspitze der Sagrada Familia in Barcelona / Weg in der Meseta / Sonnenaufgang über den Nebeln Monestir de Montserrat / Steinkreis Mealhada – Ausschnitte aus eigenen Fotos bzw. Scan des eigenen Pilgerausweises
Abbildung auf hinterem Cover: Blick auf die Tejo – Ebene, auf nebenstehender Seite: Der Autor mit Pilgerstab in der Meseta / Hintergrundbild: Blick auf Arroyo – Abbildungen ohne Nummern im Innenteil: Scans von Stempeln der Pilgerausweise / selbst gezeichnete Icons…

Fred El-Fayoumy, Jahrgang 1968, ist derzeit ein Student der Ökologischen Agrarwissenschaften an der Uni Kassel am Standort Witzenhausen. Nach einem erfolgreich absolvierten ersten Studium des Bauingenieurwesens und langjähriger Arbeit in diesem Beruf unternahm er 2010 erstmals den Versuch des Pilgerns zu Fuß, da von Deutschland nach Südwestfrankreich. Mit dem Jahr 2014 wurde eine Wegemarke erreicht: Fatima / Santiago des Compostela / Monasterio de Montserrat bei Barcelona. Fast 2.500km zu Fuß, vielfältige Erfahrungen vom Startpunkt Lagos in Portugal bis zum Endpunkt Barcelona und das Erleben zahlreicher, teils auch kniffliger und auch lebensgefährlicher Situationen haben ihn zu einem gefragten Ratgeber in Lebensfragen gemacht. Wie es weitergehen wird? Man darf gespannt sein…

Eigene Fotos !